TOEIC®テスト
基礎から始める英単熟語

KOIKE NAOMI
小池直己

TOEIC is a registered trademark of Educational Testing Service (ETS).
This publication is not endorsed or approved by ETS.

はしがき

　英会話にせよ英文読解にせよ，まず単語・熟語の意味を知らなければどうにもならないし，発音，アクセントがわからなければコミュニケーションをスムーズに行うことも難しい。このようなことを考えてみると，個々の単語・熟語のもつ重要性を改めて感じざるを得ない。

　この本では，TOEIC®テストとTOEIC Bridge®テストの基礎的な単語・熟語を選び出し，**短期間で能率的に単語力が身につくように**次のような工夫をしてみた。

(1) 訳語を厳選し，**訳語の数を最小限**にして，能率的に覚えやすくした。
(2) **PART 3・4** の「TOEIC®テスト基礎レベルの英熟語」の中ではすべての熟語に例文を付し，**例文とともに覚えられるように工夫した。**
(3) 同意語，反意語に関してはTOEIC®テストの基礎レベルの語彙だけではなくTOEIC Bridge®テストのレベルの語も示し，**単語や熟語の理解を深めることができるようにした。**反意語には対応する意味も示してある。

　本書を活用することにより，**短期集中方式で，効率的に**TOEIC®テストに必要な基礎レベルの語彙力を身につけて

くれることを祈る。

　TOEIC Bridge®テストとはTOEIC®テストを開発しているETS（Educational Testing Service）によって，初級レベルの英語学習者の基礎的な英語によるコミュニケーション能力を評価するために開発されたテストです。TOEIC®テストが450点に達していない学習者には特にお薦めします。

　最後に，本書が出るようご尽力いただいた南雲堂の編集を担当してくださった方々に，改めて感謝の意を表したい。

　　2007年

　　　　　　　　　　　　　　　　　　　　　　小池　直己

目　次

Part 1　TOEIC®テスト基礎レベルの英単語　............ 7
　　　　Step1〜10

Part 2　TOEIC®テスト基礎レベルの英単語　............67
　　　　Step11〜18

Part 3　TOEIC®テスト基礎レベルの英熟語　............125
　　　　Step1〜9

Part 4　TOEIC®テスト基礎レベルの英熟語　............193
　　　　Step10〜13

索　引 224

●この本の使い方―

名	名詞	代	代名詞
動	動詞	助	助動詞
形	形容詞	副	副詞
前	前置詞	接	接続詞
間	間投詞	冠	冠詞

〔略〕 略語
〈複〉 複数形
〈変〉 動詞の活用変化，形容詞・副詞の比較変化代名詞の格変化
〈同〉 同意語
〈反〉 反意語，および対になる語
……関連して注意しておくとよい語や表現
 * その他の注意事項
( ) 補足的な説明，および省略できることを示す
[ ] 前の語と言い換えのできることを示す

PART 1

TOEIC® テスト 基礎レベルの英単語

Step 1

Part 1

1 **air**
[εər]

名 空気, 空
〈同〉sky

2 **a.m.[A.M.]**
[éi ém]

〔略〕午前
〈反〉p.m.[P.M.]（午後）

3 **anybody**
[énibɑdi]

代〔肯定文で〕だれでも，
〔疑問文で〕だれか
〈同〉anyone

4 **anyone**
[éniwʌn]

代〔肯定文で〕だれでも，
〔疑問文で〕だれか
〈同〉anybody

5 **awake**
[əwéik]

動 目が覚める，目を覚まさせる
〈変〉awake, awoke, awoke(n)
〈反〉sleep（眠る）

6 **beginning**
[bigíniŋ]

名 初め
〈反〉end（終わり）

7 **bloom**
[bluːm]

動 花が咲く
名 花，開化，真っ盛り
⇒ flower（（主として）草花）

Check!

Step1 TOEIC®テスト基礎レベルの英単語

8 **bright**
[brait]

形 輝く，明るい，頭のいい
〈反〉dark（暗い）

9 **butterfly**
[bʌ́tərflai]

名 ちょうちょう

10 **cheerful**
[tʃíərfəl]

形 快活な，楽しい
〈同〉merry

11 **cotton**
[kátn]

名 綿，木綿

12 **date**
[deit]

名 日付

13 **everywhere**
[évrihwεər]

副 どこでも，いたる所に

14 **field**
[fi:ld]

名 野原，競技場

15 **fresh**
[freʃ]

形 新鮮な

Part 1

16 **group**
[gruːp]
名 グループ，集団，群れ
動 分類する

17 **hiking**
[háikiŋ]
名 ハイキング

18 **idea**
[aidíə]
名 考え，思いつき

19 **join**
[dʒɔin]
動 参加する

20 **maybe**
[méibi(ː)]
副 たぶん
〈同〉perhaps

21 **merrily**
[mérili]
副 愉快に

22 **outdoor**
[áutdɔːr]
形 戸外の
〈反〉indoor（屋内の）

23 **outdoors**
[autdɔ́ːrz]
副 戸外へ，野外で
〈反〉indoors（屋内で）

Check!

Step1 TOEIC®テスト基礎レベルの英単語

24 **plan**
[plæn]
- 名 計画
- 動 計画する

25 **pleasant**
[plézənt]
- 形 気持ちのよい，楽しい
- 〈反〉 unpleasant(不愉快な)

26 **pleasure**
[pléʒər]
- 名 楽しみ，愉快

27 **practice**
[præktis]
- 名 練習，実行
- 動 実行する，練習する
- 〈同〉 exercise, drill

28 **quite**
[kwait]
- 副 全く
- * quiet (静かな)と混同しないこと。

29 **really**
[ríəli]
- 副 本当に
- 〈同〉 truly

30 **sleepy**
[slí:pi]
- 形 眠たい

Part 1

31 **spend**
[spend]

動 費やす，過ごす
〈変〉spend, spent, spent

32 **sunshine**
[sʌ́ntʃain]

名 日光

33 **surely**
[tʃúərli]

副 確かに，きっと

34 **vacation**
[veikéiʃən]

名 (比較的長い) 休暇
⇒ holiday(休日，祭日)

35 **wing**
[wiŋ]

名 翼
⇒ feather ((1枚の)羽, 羽毛)

36 **wish**
[wiʃ]

動 願う，望む
名 願望
〈同〉want, hope

PART 1

Step 2

Part 1

37 **bank**
[bæŋk]
名 銀行，土手

38 **boil**
[bɔil]
動 ゆでる，煮る，煮える
名 沸騰，煮沸

39 **camp**
[kæmp]
名 キャンプ
動 野営する

40 **chimney**
[tʃímni]
名 煙突

41 **company**
[kʌ́mpəni]
名 会社，交際，仲間

42 **fair**
[fɛər]
形 公正な，快晴の
副 公正に，きれいに

43 **fire**
[fáiər]
名 火，火事
動 火をつける，発砲する

44 **fishing**
[fíʃiŋ]
名 釣り，漁業

Check!

45 **flow**
[flou]

動 流れる, あふれる
名 流れ

46 **forest**
[fɔ́:rist]

名 森
〈同〉woods

47 **fox**
[fáks]

名 キツネ

48 **grape**
[greip]

名 ぶどう

49 **hide**
[haid]

動 隠す, 隠れる
〈変〉hide, hid, hidden
〈反〉seek（捜す）

50 **leaf**
[li:f]

名 葉
〈複〉leaves

51 **Mt.**
[maunt]

〔略〕～山（Mount の略）

Part 1

52 **plant**
[plænt]
- 名 植物
- 動 植樹する

53 **p.m. [P.M.]**
[píː ém]
- 〔略〕午後
- 〈反〉a.m. [A.M.] (午前)

54 **pond**
[pɑnd]
- 名 池

55 **quietly**
[kwáiətli]
- 副 静かに, 穏やかに

56 **shadow**
[ʃǽdou]
- 名 影

57 **silver**
[sílvər]
- 名 銀, 銀貨
- 形 銀色の

58 **smoke**
[smouk]
- 名 煙
- 動 たばこを吸う, 煙を出す

59 **somebody**
[sʌ́mbɑdi]
- 代 ある人, だれか
- 〈同〉someone

60 **someone**
[sʌ́mwʌn]

代 ある人，だれか
〈同〉somebody

61 **stone**
[stoun]

名 石

62 **stream**
[striːm]

名 小川，流れ

63 **swan**
[swɑn]

名 白鳥

64 **tail**
[teil]

名 尾，後部
〈反〉head（頭）

65 **tent**
[tent]

名 テント

66 **throw**
[θrou]

名 投げる
名 投げること
〈変〉throw, threw, thrown

67 **turkey**
[tə́:rki]

名 七面鳥, 〔T-〕トルコ

68 **village**
[vílidʒ]

名 村
⇨ town(町), city(市)

69 **wild**
[waild]

形 野生の, 荒涼たる

PART 1

Step 3

Part 1

70 **address** [ədrés]
- 名 住所, あて名, 演説
- 動 あて名を書く

71 **automobile** [ɔ́ːtəməbíːl]
- 名 (米) 自動車
- 〈同〉(英) motorcar

72 **bridge** [bridʒ]
- 名 橋
- 動 橋をかける

73 **captain** [kǽptən]
- 名 船長, 主将

74 **carry** [kǽri]
- 動 運ぶ, 持ち歩く

75 **change** [tʃeindʒ]
- 動 変える, 変わる
- 名 変化, つり銭

76 **clear** [kliər]
- 形 明るい, 明快な, 晴れた
- 動 晴れる (up)

77 **discover** [diskʌ́vər]
- 名 発見する
- 〈同〉find

Check!

78 **dozen**
[dʌ́zn]

名 ダース(doz. と略す)

79 **eastern**
[íːstərn]

形 東の, 〔E-〕東洋の
〈反〉western(西の, 西洋の)

80 **hurry**
[hə́ːri]

動 急ぐ, 急がす
名 大急ぎ

81 **iron**
[áiərn]

名 鉄, アイロン
形 鉄の, 鉄のような

82 **island**
[áilənd]

名 島

83 **lie**
[lai]

① 動 横たわる, 存在する
〈変〉lie, lay, lain, lying
② 動 うそをつく
　名 うそ
〈変〉lie, lied, lied, lying

Part 1

84 **mail**
[meil]
图 (米) 郵便
動 (米) 郵送する
〈同〉(英) post

85 **motorcar**
[móutərkɑːr]
图 (英) 自動車
〈同〉(米) automobile, car

86 **No.** [no.]
[nʌ́mbər]
〔略〕第～番

87 **pass**
[pæs]
動 通る, 通す, 合格する,
　　(時間が) 過ぎる, 手渡す
图 合格
〈反〉fail(失敗する)

88 **pay**
[pei]
動 支払う
图 支払い, 給料
〈変〉pay, paid, paid

89 **pence**
[pens]
图 ペンス(英貨の単位 penny の複数形)
⇒ 1 penny=1/100 pound

Check!

Step 3 TOEIC®テスト基礎レベルの英単語

90 **pilot**
[páilət]

名 操縦士

91 **pound**
[paund]

名 (重量の)ポンド, (英貨の単位の)ポンド
⇨ 1 pound＝100 pence

92 **quick**
[kwik]

形 速い, 敏速な
〈反〉slow(遅い)

93 **quickly**
[kwíkli]

副 急いで, 速く
〈反〉slowly(遅く)

94 **receive**
[risíːv]

動 受け取る

95 **return**
[fitə́ːrn]

動 帰り, 帰す
名 帰り, 返却

96 **send**
[send]

動 送る, 使いをやる
〈変〉send, sent, sent

Part 1

97 **shilling** [ʃíliŋ]
名 シリング（英国の旧貨幣単位で現在は廃止）

98 **sincerely** [sinsíərli]
副 誠実に，心から

99 **speed** [spi:d]
名 速度，速力

100 **storm** [stɔ:rm]
名 あらし

101 **suburb** [sʌ́bə:rb]
名 〔複数形で〕郊外

102 **telegram** [téləgræm]
名 電報
〈同〉wire

103 **weather** [wéðər]
名 天気

Check!

PART 1

Step 4

Part 1

104 **Atlantic**
[ətlǽntik]
- 形 大西洋の
- 名 〔the～〕大西洋
- ⇨ Pacific(太平洋)

105 **behind**
[biháind]
- 前 …の後ろに[の]
- 副 後ろに

106 **center, -tre**
[séntər]
- 名 中心,中心地

107 **central**
[séntrəl]
- 形 中心の

108 **discovery**
[diskʌ́vəri]
- 名 発見
- ⇨ invention(発明)

109 **Europe**
[júə(ə)rəp]
- 名 ヨーロッパ

110 **gym**
[dʒim]
- 名 〔gymnasium の短縮形〕体育館,〔gymnastics の短縮形〕体育

Check!

Step 4 TOEIC®テスト基礎レベルの英単語

111 **gymnasium** 　　图 体育館
　　[dʒimnéiziəm]

112 **hall** 　　图 大広間, 玄関, 公会堂
　　[hɔːl]

113 **hospital** 　　图 病院
　　[háspitl]

114 **Italy** 　　图 イタリア
　　[ítəli]

115 **land** 　　图 陸, 土地, 国
　　[lænd] 　　〈同〉country（国）
　　　　　　　 動 着陸する

116 **middle** 　　图 中間, 中央の
　　[mídl] 　　形 中間の, 中央の

117 **movie** 　　图 《米》〔通例複数形で〕映画,
　　[múːvi] 　　　　（しばしば the~）映画館

Part 1

118 **noisy** [nɔ́izi]
形 騒がしい
〈反〉quiet(静かな)

119 **palace** [pǽlis]
名 宮殿

120 **police** [pəlíːs]
名 警察
⇨ policeman(警官)
policewoman

121 **port** [pɔːrt]
名 港
⇨〈同〉harbo(u)r

122 **public** [pʌ́blik]
形 公の,公衆の
〈反〉private(個人の)

123 **Russia** [rʌ́ʃə]
名 ロシア

124 **sailor** [séilər]
名 水夫,船乗り

Check!

Step 4 TOEIC®テスト基礎レベルの英単語

125 **side**
[said]
图 側, 側面, 味方

126 **signal**
[sígnəl]
图 合図, 信号機

127 **southern**
[sʌ́ðərn]
形 南の, 南部の
〈反〉 northern(北の)
＊発音注意

128 **toward**
[təwɔ́ːrd]
前 …の方へ, …に対して

129 **tower**
[táuər]
图 塔

130 **university**
[juːnəvə́ːrsəti]
图 (総合)大学
⇒ college ((単科)大学)

131 **U. S. A.**
[júː és éi]
〔略〕アメリカ合衆国(United States of America の略)

Part 1

132 **western**
[wéstərn]

形 西の, 〔W-〕西洋の, 〔W-〕《米》西部地方の
〈反〉eastern(東の)

133 **yard**
[jɑːrd]

名 中庭, ヤード(1 yard = 3 feet; yd.と略す)

PART 1

Step 5

Part 1

134 **among** [əmʌ́ŋ]
前 (3者以上)の間で [に]
⇒ between ((2者)の間に)

135 **announce** [ənáuns]
動 発表する，告げる

136 **art** [ɑːrt]
名 芸術，美術，技術

137 **attend** [əténd]
動 …に出席する，(学校に)通う

138 **business** [bíznis]
名 仕事，職業，商売，用事
〈同〉work

139 **Chinese** [tʃainíːz]
名 中国人，中国語
形 中国の，中国人の，中国語の

140 **dance** [dæns]
動 躍る
名 踊り，ダンス

141 **examination** [igzæmənéiʃən]
名 試験，検査
〈同〉test

Step 5 TOEIC®テスト基礎レベルの英単語

142 **foreign**
[fɔ́:rin]
形 外国の

143 **free**
[fri:]
形 自由な, 暇な

144 **history**
[hístəri]
名 歴史

145 **important**
[impɔ́:rtənt]
形 重要な
〈反〉unimportant(重要でない)

146 **interested**
[íntəristid]
形 (…に)興味のある(in...)

147 **Italian**
[itǽljən]
名 イタリア人, イタリア語
形 イタリアの, イタリア人の, イタリア語の

148 **language**
[lǽŋgwidʒ]
名 言語, 国語

Part 1

149 **loud**
[laud]
形 大声の, 騒がしい

150 **mathematics**
[mæθəmǽtiks]
名〔単数扱い〕数学
⇒ arithmetic(算数)

151 **memory**
[mémǝri]
名 記憶, 記念, 思い出

152 **nobody**
[nóubɑdi]
代〔単数扱い〕だれも…ない
〈同〉none〔通例複数扱い〕

153 **part**
[pɑːrt]
名 部分, 役目
〈反〉whole(全体(の))
動 別れる

154 **pocket**
[pákit]
名 ポケット
形 ポケット用の, 小型の

155 **poem**
[pouim]
名 (1編の) 詩
⇒ poetry(〔集合的に〕詩)

Step 5 TOEIC®テスト基礎レベルの英単語

156 **prize**
[praiz]
名 賞

157 **repeat**
[ripíːt]
動 繰り返す，暗唱する

158 **report**
[ripɔ́ːrt]
名 報告，記事
動 報告する
⇒ news（報道）

159 **so**
[sou]
副 そのように，非常に
接 だから

160 **speech**
[spiːʃ]
名 演説，言論

161 **subject**
[sʌ́bdʒikt]
名 主題，学科

162 **test**
[test]
名 試験，検査
〈同〉examination

Part 1

163 **tiger**
[táigər]
名 トラ

164 **topic**
[tápik]
名 話題

165 **understand**
[ʌndərstǽnd]
動 理解する
〈変〉understand, understood, understood

166 **weak**
[wiːk]
形 弱い, 下手な(in)
〈反〉strong(強い)

167 **wrong**
[rɔːŋ]
形 悪い, 誤った
副 誤って
〈反〉right(正しい)

168 **yourself**
[juərsélf]
代 あなた自身
〈複〉yourselves

PART 1

Step 6

Part 1

169 **both** [bouθ]
代 両方, 両方とも
形 両方の

170 **cheese** [tʃiːz]
名 チーズ

171 **clever** [klévər]
形 利口な
〈反〉 stupid（愚かな）

172 **easily** [íːzəli]
副 容易に

173 **elephant** [éləfənt]
名 象

174 **enough** [ináf]
形 十分な, …するに足りる
副 十分に, 全く

175 **everyday** [évridei]
形 毎日の, ふだんの
〈同〉 daily
⇒ every day（〔副詞的に〕毎日）

Step 6 TOEIC®テスト基礎レベルの英単語

176 **fill** [fil]
動 満ちる，満たす
名 いっぱい

177 **generally** [dʒénərəli]
副 一般に
〈同〉usually

178 **heart** [hɑːrt]
名 心臓，心

179 **heavy** [hévi]
形 重い，激しい
〈同〉hard

180 **honest** [ánist]
形 正直な
〈反〉dishonest(不正直な)

181 **husband** [hÁzbənd]
名 夫
〈反〉wife(妻)

182 **kindness** [káindnis]
名 親切

183 **kiss** [kis]
名 キス
動 キスする

Part 1

184 **life**
[laif]

名 人生, 生命, 生物, 生活

185 **lip**
[lip]

名 くちびる

186 **parrot**
[pǽrət]

名 オウム

187 **photo**
[fóutou]

名 写真
動 写真を撮る
〈複〉photos[fóutouz]
〈同〉picture, photograph

188 **price**
[prais]

名 値段
〈同〉cost

189 **pull**
[pul]

動 引く
名 引くこと
〈同〉draw
〈反〉push(押す)

Check!

Step 6 TOEIC®テスト基礎レベルの英単語

190 **push** [puʃ]
- 動 押す，突く
- 名 押し，突き
- 〈反〉pull(引く)，draw(引く)

191 **ride** [raid]
- 動 乗る
- 名 乗ること
- 〈変〉ride, rode, ridden

192 **ring** [riŋ]
- 動 鳴る，鳴らす
- 名 輪，指輪，鳴り響き
- 〈変〉ring, rang, rung

193 **sandwich** [sǽn(d)witʃ]
- 名 サンドウィッチ

194 **shopping** [ʃápiŋ]
- 名 買物

195 **soup** [suːp]
- 名 スープ

196 **stick** [stik]
- 名 棒

Part 1

197 **sure** [ʃuər]
形 確かな, (…を)を確信して (of...)
〈同〉certain

198 **sweet** [swiːt]
形 甘い, おいしい
名 〔複数形で〕菓子

199 **wife** [waif]
名 妻
〈複〉wives

200 **wise** [waiz]
形 かしこい, 賢明な
〈反〉foolish（ばかな）

201 **yourselves** [juərsélvz]
代 〔yourself の複数形〕あなた方自身

PART 1

Step 7

Part 1

202 **age**
[eidʒ]
图 年令，時代

203 **barber**
[báːrbər]
图 床屋

204 **bath**
[bæθ]
图 風呂，入浴

205 **bottle**
[bátl]
图 びん

206 **bottom**
[bátəm]
图 底，ふもと
〈反〉top（頂上）

207 **bow**
①[bau]
②[bou]
①動 おじぎをする
　图 おじぎ
②图 弓

208 **careful**
[kɛ́ərfəl]
形 注意深い
〈反〉careless（不注意な）

209 **certainly**
[sə́ːrtənli]
副 確かに，承知しました

210 **copy**
[kápi]
名 写し，冊

211 **daily**
[déili]
形 日々の，毎日の
〈同〉everyday

212 **diligent**
[dílidʒənt]
形 勤勉な
〈反〉idle(怠慢な), lazy(怠慢な)

213 **end**
[end]
名 終わり，端，結果
動 終わる，終える
〈同〉finish
〈反〉begin(始める), start(始める)

214 **fear**
[fiər]
動 怖れる
名 怖れ，不安

215 **foolish**
[fúːliʃ]
形 ばかな，愚かな
〈反〉wise(賢い)

Part 1

216 **job** [dʒɑb]
名 仕事

217 **key** [kiː]
名 かぎ，秘けつ
動 かぎをかける

218 **knock** [nɑk]
動 (…を)たたく(at…)，打つ，なぐる
名 打つこと，ノック

219 **ma'am** [mæm]
名 〔丁寧な呼びかけ〕奥様
〈反〉sir(〔男性への呼びかけ〕あなた)

220 **magazine** [mæɡəzíːn]
名 雑誌

221 **master** [mǽstər]
名 主人，長
動 修得する
⇒ servant(使用人)

222 **move** [muːv]
動 動かす，動く，引っ越す，感動させる
名 措置，運動

Check!

223 **news** [nuːz]
名 ニュース，消息

224 **oil** [ɔil]
名 油，石油

225 **reply** [riplái]
動 応える
名 返事
〈同〉answer
〈反〉question（質問）

226 **shoemaker** [ʃúːmeikər]
名 くつ屋

227 **shoulder** [ʃóuldər]
名 肩

228 **shout** [ʃaut]
動 呼ぶ
名 叫び
〈同〉cry

229 **sign** [sain]
名 合図，印，標識
動 署名する

Part 1

230 **sir**
[sər]

名〔男性への呼びかけ〕あなた，先生，〔S-〕卿
〈反〉madam, ma'am（奥様）

231 **sitting room**
[sítiŋ ru(ː)m]

名《英》居間
〈同〉《米》living room

232 **soap**
[soup]

名 石けん
⇨ soup [suːp]（スープ）

233 **tool**
[tuːl]

名 道具

234 **wine**
[wain]

名 ぶどう酒

235 **writer**
[ráitər]

名 著者，作家

Check!

PART 1

Step 8

Part 1

236 **apartment**
[əpáːrtmənt]
图 部屋，アパート
〈同〉room, flat

237 **borrow**
[bárou]
動 借りる
〈反〉lend(貸す)

238 **brush**
[brʌʃ]
图 はけ，ブラシ
動 ブラシをかける

239 **chief**
[tʃíːf]
形 主な
〈同〉main, principal
图 長

240 **concert**
[kánsərt]
图 演奏会

241 **fireplace**
[fáiərpleis]
图 暖炉

242 **handkerchief**
[hǽŋkərtʃif]
图 ハンカチ
〈複〉handkerchiefs または handkerchieves

Check!

Step 8 TOEIC®テスト基礎レベルの英単語

243 **idle**
[aidl]
形 怠慢な
〈同〉lazy
〈反〉diligent（勤勉な）

244 **lend**
[lend]
動 貸す
〈変〉lend, lent, lent
〈反〉borrow（借りる）

245 **manner**
[mǽnər]
名 態度，〔複数形で〕作法

246 **notice**
[nóutis]
名 通告，掲示，注目
動 …に気がつく，通告する

247 **orchestra**
[ɔ́ːrkistrə]
名 オーケストラ，管弦楽団

248 **pair**
[pɛər]
名 (2つ)1組，1対，1着

249 **pardon**
[páːrdn]
名 許し
動 (人を)許す

Part 1

250 **passenger**
[pǽsəndʒər]
名 乗客

251 **phone**
[foun]
名 電話
動 電話をする
〈同〉telephone, call

252 **program**
[próugræm]
名 プログラム, 計画

253 **promise**
[prámis]
名 約束
動 約束する

254 **railroad**
[réilroud]
名 (米) 鉄道
〈同〉(英) railway

255 **recently**
[ríːsntli]
副 最近
〈同〉lately

256 **seat**
[siːt]
名 座席
動 着席させる

Check!

Step 8 TOEIC®テスト基礎レベルの英単語

257 **serve**
[səːrv]
動 …仕える, …に役立つ, (食事などを)出す

258 **shoe**
[ʃuː]
名 〔通例複数形で〕くつ, 短ぐつ
⇒ boot(長ぐつ)

259 **sock**
[sɑk]
名 〔通例複数形で〕くつ下

260 **sound**
[saund]
名 音
動 音を出す, …のように聞こえる
形 健全な, 十分な
副 ぐっすりと

261 **stage**
[steidʒ]
名 舞台
動 上演する

262 **stocking**
[stάkiŋ]
名 〔通例複数形で〕ストッキング

263 **taxi**
[tǽksi]
名 タクシー

Part 1

264 **ticket**
[tíkit]

名 切符

265 **tie**
[tai]

名 ネクタイ，結び
動 結ぶ
〈変〉tie, tied, tied, tying

266 **travel**
[trǽvəl]

動 旅行をする，(光・音・汽車などが) 進む
名 旅行
⇒ trip(小旅行), journey(長期の旅行)

267 **umbrella**
[ʌmbrélə]

名 かさ

268 **waiter**
[wéitər]

名 給仕
〈同〉boy

269 **without**
[wiðáut]

前 …なしに，…せずに
〈反〉with(…とともに)

Check!

PART 1

Step 9

Part 1

270 **aeroplane**
[ɛ́ərəplein]
名 (英) 飛行機
〈同〉(air)plane

271 **ah**
[ɑː]
間 ああ(!)

272 **baggage**
[bǽgidʒ]
名 (米) 小荷物, 手荷物
〈同〉(英) luggage

273 **board**
[bɔːrd]
名 板, 船内
動 乗船する, 乗り込む

274 **cabin**
[kǽbin]
名 小屋, 船室

275 **celebrate**
[séləbreit]
動 祝う, (儀式を)行う

276 **China**
[tʃáinə]
名 中国

277 **eagle**
[íːgl]
名 ワシ

Check!

Step 9 TOEIC®テスト基礎レベルの英単語

278 **friendly**
[fréndli]
形 親しい，好意的な
〈同〉kind

279 **gather**
[gǽðər]
動 集まる，集める
〈同〉collect

280 **god**
[gɑd]
名 神
⇨ goddess(女神)

281 **golden**
[góuldən]
形 金色の，黄金の

282 **Greece**
[griːs]
名 ギリシア

283 **happiness**
[hǽpinis]
名 幸福

284 **harbo(u)r**
[hɑ́ːrbər]
名 港
〈同〉port

285 **India**
[índiə]
名 インド

Part 1

286 **lead**
[liːd]

動 導く,先頭に立つ,指揮する,(道が)…へ通じる
名 指導,先頭,優勢
〈変〉 lead, led, led
〈反〉 follow(…に従う)

287 **nation**
[néiʃən]

名 国家,国民
〈同〉 people

288 **Olympic**
[o(u)límpik]

形 オリンピックの

289 **peace**
[piːs]

名 平和
〈反〉 war(戦争)

290 **safe**
[seif]

形 安全な
〈反〉 dangerous(危険な)
名 金庫
〈複〉 safes

291 **sail**
[seil]

名 帆
動 航海する,出帆する

292 **set**
[set]
動 置く,すえる,(機械などを)調節する,(天体が)没する
名 そろい
〈変〉set, set, set, setting
〈同〉put

293 **shore**
[ʃɔːr]
名 (川・湖・海の)岸
⇒ coast(沿岸)

294 **sink**
[siŋk]
動 沈む,沈める
〈変〉sink, sank, sunk

295 **trip**
[trip]
名 小旅行,遠足
⇒ journey(長期の旅行), travel(旅行)

296 **true**
[truː]
形 本当の,真実の,誠実な
副 真に,正しく
〈同〉real(真実の)

297 **turn**
[təːrn]
動 回す,回る,向きを変える,変わる
名 回転,方向転換,順番

Part 1

298 **until** [əntíl]
- 前 …まで(ずっと)
- 接 …するまで
- 〈同〉till

299 **voyage** [vɔ́iidʒ]
- 名 航海

300 **wave** [weiv]
- 名 波
- 動 揺れる，波立つ，振る

301 **whale** [hweil]
- 名 鯨

302 **whole** [houl]
- 形 全体の，完全な
- 名 全体，全部，完全なもの
- 〈反〉part(部分)
- ⇒ all

303 **yacht** [jɑt]
- 名 ヨット
- 動 ヨットに乗る

Check!

PART 1

Step 10

Part 1

304 **brave** [breiv]
形 勇敢な
〈反〉cowardly(臆病な)

305 **correct** [kərékt]
形 正しい
動 正す
〈同〉right

306 **cousin** [kʌ́zn]
名 いとこ
⇒ nephew(おい), niece(めい)

307 **electric** [iléktrik]
形 電気の

308 **elder** [éldər]
形 〔old の比較級〕年上の
名 〔複数形で〕先輩

309 **eldest** [éldist]
形 〔old の最上級〕最年長の

310 **flag** [flæg]
名 旗

311 **gathering**
[gæðəriŋ]
名 集会
〈同〉meeting

312 **handle**
[hǽndl]
名 取っ手, ハンドル

313 **health**
[hélθ]
名 健康, 健全

314 **healthy**
[hélθi]
形 健康な, 健全な
〈変〉healthy, healthier, healthiest

315 **invent**
[invént]
動 発明する
⇒ discover(発見する)

316 **invention**
[invénʃən]
名 発明
⇒ discovery(発見)

317 **lovely**
[lʌ́vli]
形 美しい, かわいらしい, すてきな
〈同〉pretty, fine

Part 1

318 **machine** [məʃíːn]
名 機械

319 **match** [mætʃ]
名 試合
動 調和する，匹敵する
〈同〉game

320 **meaning** [míːniŋ]
名 意味

321 **mend** [mend]
動 修理する，改善する
名 修理，改善
〈同〉repair

322 **mind** [maind]
名 心，知性
〈反〉body（身体）
動 注意する，〔主に疑問文・否定文で〕気にする

323 **national** [nǽʃənəl]
形 国家の，国民の

Check!

324 **natural**
[nǽtʃərəl]

形 自然の，天性の，当然の
〈反〉unnatural（不自然な）

325 **praise**
[preiz]

動 賞賛する
名 賞賛
〈反〉blame（非難する）

326 **proud**
[praud]

形 （…を）誇って（of...），高慢な

327 **race**
[reis]

名 競争，人種，民族
動 競争する

328 **roll**
[roul]

動 転がす，転がる，巻く
名 回転，巻物，名簿

329 **scientist**
[sáiəntist]

名 科学者

330 **sight**
[sait]

名 光景，〔the -s〕名所，視力，視界
〈同〉view

Part 1

331 **succeed** [səksíːd]
動 (…に)成功する(in...)
〈反〉fail(失敗する)

332 **success** [səksés]
名 成功
〈反〉failure(失敗)

333 **switch** [switʃ]
名 スイッチ
動 スイッチをひねる

334 **trouble** [trʌ́bl]
名 苦労, 心配, 悩みの種, 迷惑, 骨折り
動 …に手数をかける, 困らせる

335 **war** [wɔːr]
名 戦争

336 **win** [win]
動 勝つ, 勝ちとる
〈変〉win, won, won, winning
〈同〉get

337 **worry** [wə́ːri]
動 苦しませる, 悩ます, 心配させる
名 心配, 苦労

Check!

PART 2

TOEIC® テスト 基礎レベルの英単語

Step 11

Part 2

338 **appear** [əpíər]
動 現れる，…のように思われる
〈同〉seem
〈反〉disappear(消える)

339 **below** [bilóu]
前 …より下の [に]，…より劣って
副 下に
〈反〉above(上へ)

340 **carefully** [kéərfəli]
副 注意深く
〈反〉carelessly(不注意に)

341 **case** [keis]
名 箱，ケース，場合，事情

342 **chance** [tʃæns]
名 機会，運，見込み
動 偶然に起こる

343 **climb** [klaim]
動 よじ登る(up)
名 よじ登ること

344 **engine** [éndʒin]
名 エンジン，機関車

Check!

345	**gas** [gæs]	名 気体,ガス
346	**gold** [gould]	名 金,金貨 形 金の
347	**guess** [ges]	動 推測する,(…を)言い当てる (at...) 名 推量
348	**guest** [gest]	名 招待客,泊まり客 ⇨ visitor(訪問者)
349	**guide** [gaid]	動 案内する,指導する 名 案内人,指導者,手引き
350	**gun** [gʌn]	名 銃
351	**happen** [hǽpən]	動 (たまたま)起こる,(たまたま)…する

Part 2

352 **heat**
[hiːt]

名 熱, 暑さ
動 熱くなる

353 **hold**
[hould]

動 持つ, 握る, 保つ, 所有する, 開催する
〈変〉hold, held, held
〈同〉have, keep

354 **hole**
[houl]

名 穴

355 **hurt**
[həːrt]

動 傷つける, 痛む
名 傷害, 苦痛
〈変〉hurt, hurt, hurt
〈同〉wound

356 **lay**
[lei]

動 横たえる, 置く, (卵)を産む; lie 過去形
〈変〉lay, laid, laid
〈同〉put

357 **miss**
[mis]

動 (機会などを)逸する, …し損なう, …がないので寂しく思う
名 仕損じ, ミス

358 **mistake**
[mistéik]
動 間違える，(…と)思い違いをする(for...)
名 間違い
〈変〉mistake, mistook, mistaken

359 **nature**
[néitʃər]
名 自然，性質，天性

360 **print**
[print]
動 印刷する，出版する
名 印刷，印刷物

361 **reason**
[ríːzn]
名 理由，道理

362 **save**
[seiv]
動 救う，蓄える，節約する

363 **shoot**
[ʃuːt]
動 射つ，撃つ
〈変〉shoot, shot, shot

364 **simple**
[símpl]
形 簡単な，質素な
〈同〉plain(簡素な), easy

Part 2

365 **since** [sins]
- 前 …以来
- 接 …して以来

366 **steam** [stiːm]
- 名 蒸気
- 動 蒸す,湯気を出す,蒸気で動く

367 **strike** [straik]
- 動 打つ,ストライキをする
- 〈変〉strike, struck, struck

368 **tremble** [trémbl]
- 動 震える
- 名 震え

369 **unhappy** [ʌnhǽpi]
- 形 不幸な
- 〈反〉happy(幸福な)

370 **voice** [vɔis]
- 名 声

371 **wolf** [wulf]
- 名 オオカミ
- 〈複〉wolves[wulvz]

Check!

PART 2

Step 12

Part 2

372 **belong**
[bilɔ́:ŋ]

動 (…に)属する(to...)

373 **burn**
[bə:rn]

動 燃える,燃やす
〈変〉burn, burnt, burnt; または~, burned, burned

374 **choose**
[tʃu:z]

動 運ぶ
〈変〉choose, chose, chosen

375 **circus**
[sə́:rkəs]

名 サーカス

376 **clerk**
[klə:rk]

名 事務員,書記,《米》店員

377 **curtain**
[kə́:rtn]

名 カーテン

378 **dangerous**
[déindʒərəs]

形 危険な
〈反〉safe(安全な)

Check!

379 **deal**
[diːl]
動 (…を)取り扱う(with...), (…と)取り引きする(with[in]...)
〈変〉deal, dealt, dealt

380 **draw**
[drɔː]
動 引く, (線で)描く
〈変〉draw, drew, drawn

381 **enter**
[éntər]
動 …に入る, 加入する

382 **entrance**
[éntrəns]
名 入口, 入ること
〈反〉exit(出口)

383 **especially**
[ispéʃəli]
副 特に

384 **etc.**
[etsétərə]
〔略〕…など

385 **example**
[igzǽmpl]
名 例, 模範
〈同〉instance

Part 2

386 **except** [iksépt]
前 …を除いて

387 **follow** [fálou]
動 …のあとに続く, …に従う, たどる
〈反〉lead(導く)

388 **gentle** [dʒéntl]
形 温和な, 上品な
〈同〉mild

389 **himself** [himsélf]
代 彼自身
〈複〉themselves

390 **introduce** [intrədúːs]
動 紹介する, 導き入れる

391 **mad** [mæd]
形 狂気の
〈同〉crazy

392 **magic** [mǽdʒik]
名 魔法の, 手品
形 魔法の, 不思議な

Step12 TOEIC®テスト基礎レベルの英単語

393 **maid**
[meid]
名 (女性の)お手伝い
〈同〉maidservant
〈反〉manservant(下男)

394 **meal**
[mi:l]
名 食事
⇒ breakfast(朝食), lunch(昼食), dinner(主要な食事), supper(軽い食事)

395 **model**
[mádl]
名 手本, 模型

396 **myself**
[maisélf]
代 私自身
〈複〉ourselves

397 **neighbo(u)r**
[néibər]
名 近隣の人

398 **offer**
[ɔ́:fər]
動 提案する, 提供する
名 提案, 提供

399 **order**
[ɔ́:rdər]
名 順序, 命令, 注文
動 命ずる, 注文する, 整理する

Part 2

400 **popular** [pápjulər]
形 人気のある，流行の

401 **prepare** [pripéər]
動 準備する

402 **service** [sə́:rvis]
名 奉仕，サービス

403 **stranger** [stréindʒər]
名 見知らぬ人
⇒ foreigner(外国人)

404 **visitor** [vízitər]
名 訪問者
⇒ guest(接待客)

405 **wonder** [wʌ́ndər]
動 (…に)驚く(at...), ……かしらと思う
名 驚異，不思議

Check!

PART 2

Step 13

Part 2

406 **allow** [əláu]
動 許可する
＊発音注意。

407 **asleep** [əslíːp]
形 眠って
〈反〉awake（[形容詞]目が覚めて）

408 **beg** [beg]
動 請う，頼む
〈同〉ask

409 **capital** [kǽpitl]
名 首府，頭文字

410 **ceiling** [síːliŋ]
名 天井
〈反〉floor（床）

411 **democracy** [dimákrəsi]
名 民主主義

412 **department** [dipáːrtmənt]
名 部門，学部

413 **dream**
[driːm]
- 名 夢，空想
- 動 夢を見る
- 〈変〉dream, dreamt, dreamt；または〜, dreamed, dreamed

414 **elect**
[ilékt]
- 動 選ぶ，選挙する
- 〈同〉choose

415 **excuse**
①[ikskjúːz]
②[ikskjúːs]
- ① 動 許す，弁解する
- ② 名 言い訳，口実

416 **government**
[gʌ́vərmənt]
- 名 政治，政府

417 **herself**
[həːrsélf]
- 代 彼女自身
- 〈複〉themselves

418 **hit**
[hit]
- 動 打つ
- 名 打撃
- 〈変〉hit, hit, hit, hitting
- 〈同〉strike

Part 2

419 **journey**
[dʒə́ːrni]

名 (比較的長い)旅
⇒ travel(旅行), trip(小旅行)

420 **later**
[léitər]

〔late の比較級〕
形 もっと遅い
副 あとで, より遅く

421 **law**
[lɔː]

名 法律, 規則, 法則
〈同〉rule

422 **lift**
[lift]

動 上げる, 上がる
名 《英》昇降機
〈同〉《米》elevator

423 **line**
[lain]

名 線, 行, 列

424 **modern**
[mádərn]

形 現代の, 近代的な
〈反〉ancient(古代の)

425 **necessary**
[nésəseri]

形 必要な

Chèck!

426 **obey** [o(u)béi]　　動 従う, 服従する

427 **package** [pǽkidʒ]　　名 荷, 包み

428 **plane** [plein]　　名 平面, 飛行機
〈同〉airplane
形 水平の, 平面の

429 **power** [páuər]　　名 力

430 **several** [sévərəl]　　形 いくつかの, 若干の

431 **should** [ʃud]　　助 〔shallの過去形〕…すべきである

432 **state** [steit]　　名 状態, 国家, (米国の)州
動 (公式に)陳述する

Part 2

433 **step**
[step]
名 一歩，歩み，(階段の)段

434 **straight**
[streit]
形 真っすぐな
副 真っすぐに，直ちに
名 直線

435 **sweep**
[swi:p]
動 掃除する，一掃する(off)
名 掃除，一掃
〈変〉sweep, swept, swept
〈同〉clean

436 **tear**
[tiər]
名 〔通例複数形で〕涙

437 **terrible**
[térəbl]
形 恐ろしい，ひどい

438 **wipe**
[waip]
動 ふく(off)

439 **within**
[wiðín]
前 …の中に，以内に
〈反〉beyond(…を越えて)

Check!

PART 2

Step 14

Part 2

440 **agree**
[əgríː]
動 (人と意見が)一致する (with...), (...に)同意する (to...)
〈反〉disagree(一致しない)

441 **believe**
[bilíːv]
動 信じる
〈反〉doubt(疑う)
⇒ trust(信頼する)

442 **breast**
[brest]
名 胸, 心
〈同〉heart

443 **citizen**
[sítəzn]
名 市民

444 **cloth**
[klɔːθ]
名 布地, 織物

445 **custom**
[kʌ́stəm]
名 (社会の)習慣, 〔複数形で〕関税
⇒ habit((個人の)習慣)

446 **discussion**
[diskʌ́ʃən]
名 議論, 討論

Step14 TOEIC®テスト基礎レベルの英単語

447 **eve**
[iːv]
名 (祭日の)前夜

448 **feather**
[féðər]
名 羽, 羽毛
⇨ wing(翼)

449 **habit**
[hǽbit]
名 (主として個人の)習慣
⇨ custom((社会の)習慣)

450 **hardly**
[háːrdli]
副 ほとんど…ない

451 **heaven**
[hévən]
名 天, 天国
〈同〉sky, paradise
〈反〉hell(地獄)

452 **instead**
[instéd]
副 (その)代わりに

453 **judge**
[dʒʌdʒ]
名 裁判官, 審判
動 裁判する, 判断する

Part 2

454 **knee**
[niː]
名 ひざ

455 **main**
[mein]
形 主要な
〈同〉chief, principal
名 主部, 要点

456 **marry**
[mǽri]
動 結婚させる, 結婚する

457 **mean**
[miːn]
動 意味する, …するつもりである
形 卑しい, 中間の
〈変〉mean, meant, meant

458 **paradise**
[pǽrədais]
名 天国, 楽園
〈同〉heaven
〈反〉hell(地獄)

459 **president**
[prézidənt]
名 〔しばしば P-〕大統領, 社長, 学長

460 **purse**
[pəːrs]
名 財布

Check!

Step14 TOEIC®テスト基礎レベルの英単語

461 **salt**
[sɔːlt]
- 名 塩
- 動 塩味をつける
- 形 塩の，塩気のある

462 **satisfy**
[sǽtisfai]
- 動 満足させる

463 **sentence**
[séntəns]
- 名 文，宣告，判決
- 動 宣告する，判決を下す

464 **sheet**
[ʃiːt]
- 名 シーツ，(紙などの)1枚

465 **silent**
[sáilənt]
- 形 静かな，無言の
- 〈同〉quiet, still

466 **social**
[sóuʃəl]
- 形 社会の，社交的な

467 **taste**
[teist]
- 名 味，趣味
- 動 味わう，…の味がする

Part 2

468 **trade**
[treid]
- 名 商業, 貿易
- 動 (…を)商う(in...), (…と)貿易する(with...)

469 **truly**
[trúːli]
- 副 本当に, 真に
- 〈同〉really

470 **truth**
[truːθ]
- 名 事実, 真実, 真理

471 **view**
[vjuː]
- 名 見ること, 視界, 景色, 意見
- 〈同〉sight, scene

472 **wool**
[wul]
- 名 羊毛, 毛糸
- * 発音注意。

Check!

PART 2

Step 15

Part 2

473 **act**
[ækt]

動 行う, ふるまう, (劇の役を)演ずる
名 行為, 幕

474 **advise**
[ədváiz]

動 忠告する
⇨ advice[ædváis](忠告)

475 **against**
[əgénst]

前 …に(反)対して, …によりかかって

476 **bit**
[bit]

名 少し
動 bite の過去・過去分詞

477 **care**
[kɛər]

名 注意, 心配, 世話
動 〔否定文・疑問文で〕気にする, 心配する

478 **careless**
[kɛ́ərlis]

形 不注意な
〈反〉careful(注意深い)

479 **century**
[séntʃəri]

名 世紀

Step 15 TOEIC®テスト基礎レベルの英単語

480 **clothes**
[klouðz]

名 着物，衣服
⇒ clothing（〔集合的に〕衣類）

481 **count**
[kaunt]

動 数える
名 計算

482 **courage**
[kə́:ridʒ]

名 勇気

483 **decide**
[disáid]

動 決心する，決定する

484 **fail**
[feil]

動 （…に）失敗する(in...)
〈反〉succeed（成功する）

485 **feed**
[fi:d]

動 食物を与える
名 餌
〈変〉feed, fed, fed

486 **fight**
[fáit]

動 （…と）戦う(against[with]...)
名 戦い，闘争

Part 2

487 **form**
[fɔːrm]
- 名 形，形式
- 動 形成する

488 **mark**
[mɑːrk]
- 名 印，点数
- 動 …に印をつける

489 **matter**
[mǽtər]
- 名 事柄，問題，物質
- 動 重要である

490 **narrow**
[nǽrou]
- 形 狭い
- 〈反〉broad(幅の広い), wide(広い)

491 **neither**
[(米)níːðər, (英)náiðə]
- 接 〔nor をともなって〕…でも～でもない
- 形 どちらの…も～ない
- 代 どちらも…ない
- 〈反〉either
- ⇨ both(両方とも)

492 **nor**
[nɔːr]
- 接 〔通常 neither A nor B の形で〕…もまた～ない

493 **pain** [pein]
- 名 痛み，〔複数形で〕骨折り
- 〈同〉ache
- 動 苦しめる，苦しむ，悲します，悲しむ

494 **point** [pɔint]
- 名 点，先端，ポイント
- 動 (…を)指さす(at...)，指示する

495 **rule** [ruːl]
- 名 規則，支配
- 動 支配する
- 〈同〉law

496 **safety** [séifti]
- 名 安全，無事
- 〈反〉danger(危険)

497 **somewhere** [sʌ́mhwɛər]
- 副 どこかで[へ]

498 **special** [spéʃəl]
- 形 特別の

Part 2

499 **steal**
[stiːl]

動 (こっそり)盗む，こっそり…する
〈変〉steal, stole, stolen
⇨ rob(強奪する)

500 **themselves**
[ðəmsélvz]

代 彼ら自身

501 **traffic**
[trǽfik]

名 交通

502 **ugly**
[ʌ́gli]

形 醜い
〈反〉beautiful(美しい)

503 **used**
①[juːst]

①助〔to 不定詞をともなって〕…したものだ
形 (…に)慣れて(to...)

②[juːzd]

②形《米》使い古した

504 **wear**
[wɛər]

動 身につけている，すり減らす(out)
名 衣服
〈変〉wear, wore, worn

Check!

505 **whether**
[hwéðər]

接 …かどうか，…であろうと

506 **would**
[wud]

助〔willの過去形〕〔丁寧な表現〕…したい，〔過去の不規則的習慣〕よく…したものだった

PART 2

Step 16

Part 2

507 **afterward**
[ǽftərwəːrd]

副 あとで、その後
〈同〉later
〈反〉beforehand(前もって)

508 **bear**
[bɛər]

名 熊
動 支える、耐える
〈変〉bear, bore, born(e)
⇒ endure(我慢する)

509 **comfortable**
[kʌ́mfərtəbl]

形 心地よい、安楽な

510 **cream**
[kriːm]

名 クリーム

511 **dead**
[ded]

形 死んだ
〈反〉alive(生きている)

512 **death**
[deθ]

名 死

513 **dry**
[drái]

形 乾いた
動 乾かす(up)、乾く
〈反〉wet(湿った)

Check!

Step16 TOEIC®テスト基礎レベルの英単語

514 **duty**
[dúːti]

名 義務,〔複数形で〕任務
〈反〉right(権利)

515 **either**
[《米》íːðər,
《英》áiðə]

形 (2者のうち)どちらの…でも
代 (2者の)いずれか, いずれも
接 〔あとに or をともなって〕…かあるいは〜
副 〔否定語とともに〕…もまた〜ない
〈反〉neither

516 **flour**
[fláuər]

名 粉, 小麦粉

517 **lately**
[léitli]

副 最近
〈同〉recently

518 **leader**
[líːdər]

名 指導者, 先導者

519 **napkin**
[nǽpkin]

名 ナプキン

Part 2

520 **noble**
[noubl]
形 高貴な，貴族の
名 〔複数形で〕貴族
〈反〉humble(卑しい)

521 **person**
[pə́ːrsn]
名 人，人物
〈同〉man

522 **pity**
[píti]
名 哀れみ，残念
動 哀れむ

523 **plate**
[pleit]
名 (平らで丸い)皿, (金属・ガラスの)板, 標札
⇒ dish(深皿), saucer(受け皿)

524 **pole**
[poul]
名 棒，極

525 **principal**
[prínsəpəl]
形 主要な
〈同〉chief, main
名 長，校長
⇒ principle(原理)

526 **respect**
[rispékt]
動 尊敬する
名 尊敬

527 **rest**
[rest]
- 名 休息, (the をつけて)残りもの
- 動 休憩する

528 **Roman**
[róumən]
- 名 ローマ人
- 形 ローマの, ローマ人の

529 **rush**
[rʌʃ]
- 動 突進する
- 名 突進, 殺到

530 **senior**
[síːnjər]
- 名 年長者, 先輩
- 形 年長の, 先輩の
- 〈同〉elder
- 〈反〉junior(年下の(者))

531 **shake**
[ʃeik]
- 動 揺する, 揺れる, 震える
- 〈変〉shake, shook, shaken

532 **skin**
[skin]
- 名 (人・動物の)皮膚, (果物の)皮
- ⇨ leather(なめし皮), fur(毛皮)

533 **soldier**
[sóuldʒər]
- 名 軍人, 兵士

Part 2

534 **space** [speis]
名 空間，宇宙
〈同〉room（空間，余地）
〈反〉time（時間）

535 **spirit** [spírit]
名 精神，霊
〈同〉soul（魂）
〈反〉body（身体）

536 **statue** [stǽtʃuː]
名 彫像，立像

537 **suit** [sjuːt]
名 （衣服の）一着，訴訟
動 …に適する，〔受身形で〕…に適合させる，似合う，好都合である

538 **vegetable** [védʒtəbl]
名 野菜，植物
⇒ animal（動物），mineral（鉱物）

539 **waste** [weist]
動 浪費する，荒廃させる
名 浪費，廃物
形 荒れ果てた，廃物の

Check!

540 **wet**
[wet]

形 ぬれた，雨降りの
動 ぬらす

PART 2

Step 17

Part 2

541 **belt**
[belt]
名 ベルト，地帯

542 **bite**
[báit]
動 かむ，(虫が)刺す
〈変〉bite, bit, bitten または bit

543 **blind**
[bláind]
形 盲目の
名 日よけ
⇨ deaf(耳の遠い), dumb(口のきけない)

544 **boot**
[buːt]
名 〔通例複数形で〕長ぐつ
⇨ shoe(短ぐつ)

545 **deer**
[díər]
名 しか
〈複〉単複同形
⇨ dear [díər](親愛な)

546 **distance**
[dístəns]
名 距離，遠方

547 **distant**
[dístənt]
形 遠い，離れた
〈同〉far

Step17 TOEIC®テスト基礎レベルの英単語

548 **dress**
[dres]
- 名 衣服, 輻輳
- 動 着物を着る, 着物を着せる, 盛装する(up)

549 **event**
[ivént]
- 名 出来事, 事件

550 **film**
[film]
- 名 フィルム, 映画

551 **frighten**
[fráitn]
- 動 びっくりさせる, ぎょっとさせる

552 **funny**
[fʌ́ni]
- 形 こっけいな

553 **guard**
[gɑːrd]
- 名 見張り, 《英》車掌
- 動 見張る, 守る
- 〈同〉 watch

554 **insect**
[ínsekt]
- 名 昆虫

Part 2

555 **kick**
[kik]
動 ける
名 けり

556 **merry**
[méri]
形 愉快な, 陽気な
〈同〉cheerful

557 **moment**
[móumənt]
名 瞬間, ちょっとの間

558 **mouse**
[maus]
名 はつかねずみ
〈複〉mice[mais]
⇒ rat(ドブねずみ)

559 **possible**
[pásəbl]
形 可能な, ありそうな
〈反〉impossible(不可能な)

560 **press**
[pres]
動 押す
名 印刷, 〔the をつけて, 総称的に〕新聞, 報道機関

561 **rope**
[roup]
名 なわ

Check!

562 **sand** [sænd]　图 砂

563 **scene** [siːn]　图 場面, 光景
〈同〉view

564 **shape** [ʃeip]　動 形, 外観
動 形づくる
⇒ form(形, 形式)

565 **sheep** [ʃiːp]　图 羊
〈複〉単複同形

566 **slave** [sleiv]　图 奴隷

567 **smell** [smel]　動 …の香りがする, においをかぐ
图 香り, におい
〈変〉smell, smelt, smelt; または〜, smelled, smelled

Part 2

568 **snake**
[sneik]

名 へび

569 **suffer**
[sʌ́fər]

動 被る，(病気・災害などで)苦しむ
(from...)

570 **though**
[ðou]

接 …だけれども，たとえ…であっても
〈同〉although

571 **title**
[táitl]

名 題名，称号，肩書き

572 **trunk**
[trʌŋk]

名 (木の)幹，(動物の)胴，トランク

573 **wire**
[wáiər]

名 針金，電線，電報
動 電報を打つ
〈同〉telegram

574 **wound**

①[wuːnd]

②[waund]

① 動 傷つける
  名 傷
〈同〉injure, hurt
② 動 wind(巻く)の過去・過去分詞

PART 2

Step 18

Part 2

575 **add** [æd] — 動 加える, (…を)増やす(to...)

576 **ant** [ænt] — 名 あり

577 **bee** [biː] — 名 みつばち

578 **bone** [boun] — 名 骨
⇒ skin(皮膚), blood(血)

579 **cross** [krɔːs]
- 動 交差する, 横切る
- 名 十字架, 十字形, 交差点
- 形 交差した

580 **drop** [drɑp]
- 動 落ちる, 落とす, 立ち寄る(in)
- 名 落下, 下落

〈同〉fall

581 **drown** [draun] — 動 おぼれる
* 発音注意。

Step18 TOEIC®テスト基礎レベルの英単語

582 **else**
[els]
副 それ以外に、ほかに
⇒ besides（その上さらに）

583 **expect**
[ikspékt]
動 期待する、予期する

584 **fact**
[fækt]
名 事実

585 **farther**
[fá:rðər]
〔far の比較級〕
形 さらに遠い
副 さらに遠く
⇒ further（さらに）

586 **farthest**
[fá:rðist]
〔far の最上級〕
形 最も遠い
副 最も遠くに

587 **gift**
[gift]
名 贈り物、天賦の才
〈同〉present, talent（才能）

588 **hang**
[hæŋ]
動 掛ける、ぶら下げる
〈変〉hang, hung, hung

Part 2

589 **harvest**
[háːrvist]
- 名 収穫, 成果
- 動 収穫する, 成果を収める

590 **however**
[hauévər]
- 接 しかしながら
- 副 いかに…しても, いかに…であっても

591 **lazy**
[léizi]
- 形 怠惰な
- 〈同〉idle
- 〈反〉diligent(勤勉な)

592 **least**
[liːst]
- 〘little の最上級〙
- 形 最小の
- 副 最も少なく
- 名 最小

593 **less**
[les]
- 〘little の比較級〙
- 形 より小さい, より少ない
- 副 より小さく, より少なく

594 **lose**
[luːz]
- 動 失う, (時計が)遅れる, 敗北する, (道に)迷う
- 〈変〉lose, lost, lost

Check!

Step 18 TOEIC®テスト基礎レベルの英単語

595 **might** [mait]
- 名 力
- 助 may の過去形
- ⇒ power(能力, 権力)

596 **nearly** [níərli]
- 副 ほとんど, おおよそ
- 〈同〉almost, about

597 **needle** [ní:dl]
- 名 針, 縫い針
- ⇒ pin(とめ針, ピン)

598 **net** [net]
- 名 網
- 形 網状の

599 **nut** [nʌt]
- 名 くるみ, くり

600 **oneself** [wʌnsélf]
- 代 自分自身

601 **ourselves** [auərsélvz]
- 代 私たち自身

Part 2

602 **peach**
[piːtʃ]

名 桃

603 **pear**
[pɛər]

名 梨

604 **period**
[pí(ə)riəd]

名 期間, 時代, 終止符
〈同〉age(時代)

605 **pick**
[pik]

動 拾い上げる(up), 選び出す(out)

606 **raise**
[reiz]

動 上げる, 育てる

607 **rather**
[ræðər]

副 むしろ, いくぶん

608 **ripe**
[raip]

形 熟した

609 **rise**
[raiz]
動 上昇する
名 上昇
〈変〉rise, rose, risen
〈反〉fall(落ちる)

610 **seed**
[siːd]
名 種
動 種をまく
〈同〉sow[sou], plant

611 **seldom**
[séldəm]
副 めったに…しない
〈同〉rarely

612 **sew**
[sou]
動 縫う
〈変〉sew, sewed, sewed または sewn

613 **sharp**
[ʃɑːrp]
形 鋭い
副 鋭く
〈反〉dull(鈍い)

614 **shelf**
[ʃelf]
名 たな
〈複〉shelves

Part 2

615 **spread** [spred]
動 広げる, 広がる
〈変〉 spread, spread, spread

616 **square** [skwεər]
形 正方形の, 角ばった
名 正方形, 広場

617 **straw** [strɔː]
名 麦わら

618 **suppose** [səpóuz]
動 思う, 仮定する
〈同〉 guess, think

619 **Thanksgiving** [θǽŋksgíviŋ]
名 《米》感謝祭

620 **thick** [θik]
形 厚い, 濃い
〈反〉 thin(薄い, 細い)

621 **thin** [θin]
形 薄い, 細い
〈反〉 thick(厚い), fat(太った)

622 **tiny** [táini]
形 ちっぽけな

Check!

623 **truck** 名 トラック
[trʌk]

624 **wheat** 名 小麦
[hwiːt]

625 **wooden** 形 木の，木製の
[wúdn]

626 **worm** 名 虫，うじ虫
[wəːrm]

PART 3

TOEIC® テスト 基礎レベルの英熟語

Step 1

Part 3

627 **a bottle of**　　　1 びんの〜

My aunt bought *a bottle of* wine.
（おばはぶどう酒を 1 びん買った。）
　〈複〉two bottles of

628 **a kind of**　　　〜の一種（＝a sort of）

This flower is *a kind of* rose.
（この花はバラの一種です。）
　⇨ many kinds of（多くの種類の〜）
　　all kinds of（あらゆる種類の〜）

629 **a loaf of**　　　一 塊の〜

She bakes *a loaf of* bread every morning.
（彼女は毎朝パンを一個焼く。）
　〈複〉two loaves of（複数変化に注意）

630 **a pair of**　　　1 対の〜，1 組の〜，（ズボンなど）1 着の〜

He bought *a pair of* socks.
（彼はくつ下を 1 足買った。）
　〈複〉two pairs of
　＊ of の後は名詞の複数形。

631 all around [round]　いたる所に, あたり一面に

There are flowers blooming *all around* the garden.
(その庭は一面に花が咲いている。)

632 all at once　　　　突然 (＝suddenly)

All at once the dog began to bark.
(突然犬が吠えだした。)
　⇒ at once (すぐに)

632 all day (long)　　一日中

They watched TV *all day long*.
(彼らは一日中, テレビを見ていた。)
　〈同〉from morning till night.
　⇒ all the year round (一年中)

Part 3

634 **come from** ～から来る；～出身である

He *come from* Hakata by ferry.
（彼はフェリーで博多から来ました。）
I *come from* Nagoya.
（私は名古屋の出身です。）
〈同〉be from（～出身である）
I*'m from* Nagoya.

635 **come on** やって来る；さあ来い，さあ行こう

Spring is *coming on* early this year.
（今年は早めに春が近づいている。）

636 **fall asleep** 寝入る

Last night I *fell asleep* right away.
（昨夜，私はすぐ寝入ってしまった。）
〈同〉go to sleep

637 **fall down** 　　　　倒れる

She *fell down* on the floor.
（彼女は床に倒れこんだ）
　＊ fall—fell—fallen の活用に注意。

638 **go by** 　　　　（時などが）過ぎる
　　　　　　　　　　（＝pass）

Five years have *gone by* since she went away.
（彼女が去ってから5年が過ぎた。）

639 **go on** 　　　　続く；続ける

The speech *went on* for two hours.
（スピーチは2時間続いた。）
How long is the band going to *go on* playing?
（バンドはどれくらい演奏し続けるつもりですか。）
　⇨ go on〜ing（〜し続ける）は，keep on 〜ing でも表せる。

Part 3

640 **hundreds of** 何百という〜

There are *hundreds of* people in this concert hall.
(このコンサートホールには何百人もの人がいる。)
* 「hundreds of＋複数名詞」の形に注意。
⇒ six hundred meters（600メートル）

641 **talk about** 〜について話す

We *talked about* the Christmas party.
(私たちはクリスマスパーティーのことについて話した。)
〈同〉talk of（〜のことを話す）

642 **talk over** 〜について相談をする（＝discuss）

I want to *talk* it *over* with him.
(そのことを彼と相談したい。)

643 **the other day** 先日

The other day I visited an old friend.
(先日，私は旧友を尋ねた。)
⇒ one day（ある日），some day（いつか）

Check!

644 **thousands of**　　何千という〜

Thousands of stars were shining in the sky.
(空には何千という星がまたたいていた。)

＊「thousands of＋複数名詞」の形に注意。

⇨ two thousand dollars（2000ドル）

PART 3

Step 2

Part 3

645 **a great many** 非常にたくさんの〜

There are *a great many* flowers in this park.
(この公園には非常にたくさんの花がある。)
〈同〉a great number of

646 **a number of** いくらかの〜(＝some)；多数の〜(＝many)

He gave me *a number of* books.
(彼は私に数冊「たくさん」の本をくれた。)
  * of の後には複数名詞がくる。
  ⇒ a large [great] number of (多数の)
    a small number of (小数の)

647 **a large amount of** （量が）たくさんの〜

He spent *a large amount of* money this month.
(彼は今月，たくさんのお金を使った。)
〈反〉a small amount of (少量の)

648 **all the year round** 一年中

The island is warm *all the year round*.
(その島は一年中暖かい。)
⇒ all day long（一日中）

649 **at the age of** 〜歳のときに

He moved to New York *at the age of* five.
(彼は5歳のときにニューヨークに引っ越した。)
⇒ a girl of five years old（5歳の少女）

650 **at the back of** 〜の後ろに

She stood *at the back of* the theater.
(彼女は劇場の後ろで立っていた。)
〈反〉in front of（〜の正面に）

651 **at the end of** 〜の終わりに；〜の端に

He is standing *at the end of* the line.
(彼は列の一番後ろに立っている。)
〈反〉at the beginning of（〜の初めに）

Part 3

652 at the foot of ～のふもとに

My grandfather lives *at the foot of* the mountain.
(祖父は山のふもとに住んでいる。)
〈反〉at the top of（～の頂上に）

653 at this time of (the) year 1年のこの時期には

We have a lot of rain *at this time of the year*.
(1年のこの時期には雨がたくさん降る。)

654 for example 例えば

He is good at sports, *for example*, swimming and skiing.
(彼はスポーツ, 例えば水泳やスキーなどが得意だ。)
＊ふつう前後にコンマを付ける。

655 get away (from)
(～から) 逃げる, 立ち去る

How did she *get away from* the kidnapper?
(彼女は誘拐犯からどうやって逃げ出したのか。)
⇒ run away (逃げる)

656 get back (from)
(～から) 戻る
(＝return)

I have just *got back from* school.
(私はちょうど学校から戻ったところだ。)
〈同〉 come back

657 had better *do*
～したほうがよい, ～すべきである

You *had better* do your homework at once.
(すぐに宿題をしたほうがよい。)
You *had better not* go there.
(そこへは行かないほうがよい。)
＊否定形の not の位置に注意。

Part 3

658 **in fact** 実際は

In fact, I have never been to Europe.
(実際は，私はヨーロッパに行ったことがない。)

659 **in front of** ～の前に，～の正面に

I waited for her *in front of* the museum.
(私は美術館の前で彼女を待った。)

660 **in the center of** ～の中心に（主に場所）

The children stood *in the center of* the stage.
(子供たちは舞台の真ん中に立っていた。)

661 **in the middle of** ～の中央に，の中にごろに

I will go skiing *in the middle of* February.
(私は2月の中ごろにスキーへ行くつもりです。)
 * in the middle of は場所，時間ともに用いられる。

662 **on foot** 歩いて

Shall we go *on foot* or take the bus?
(歩いて行きましょうか，それともバスにしましょうか。)

663 **turn back** 引き返す，戻る

We should *turn back* before it gets dark.
(暗くなる前に戻るべきだ。)

664 **trun A into B** AをBに変える

The magician *turned* the water *into* flowers.
(手品師は水を花に変えた。)
　〈同〉change A into B

PART 3

Step 3

Part 3

665 as far as （ある場所）まで

We walked *as far as* the lake.
（私たちは湖まで歩いた。）
　〈同〉so far as

666 as soon as ～するとすぐに

As soon as I came back home, I called him.
（私は家に帰るとすぐに、彼に電話をかけた。）
　⇨ as soon as possible（できるだけ早く）

667 call at （場所を）訪問する
（＝visit）

She *called at* Mrs. Smith's house yesterday.
（彼女は昨日、スミス夫人のお宅を訪問した。）

668 call on [upon] （人を）訪問する
（＝visit）

She *called on* [upon] Mrs. Smith yesterday.
（彼女は昨日、スミス夫人を訪問した。）

Check!

669 **drop in** 立ち寄る

I will *drop in* at my uncle's house tomorrow.
(私は明日おじの家に立ち寄るつもりだ。)
I will *drop in* on my uncle tomorrow.
(私は明日おじを訪ねるつもりだ。)
* 「家」に立ち寄る場合は drop in at, 「人」を訪ねる場合は drop in on を用いる。

670 **enjoy oneself** 楽しく過ごす

We *enjoyed ourselves* at the party.
(私たちはそのパーティーで楽しく過ごした。)
〈同〉have a good time

671 **far from** ～から遠い；少しも～でない

Is your house *far from* here?
(あなたの家はここから遠いのですか。)
It is *far from* easy to speak chinese.
(中国語を話すのは簡単ではない。)
* 後者の意味の場合は，from の後は，名詞・動名詞・形容詞がくる。

Part 3

672 **hear from** 〜から便りをもらう

I have not *heard from* her for a long time.
(彼女から長いこと便りがない。)
〈反〉write to (〜に手紙を書く)

673 **hear of** 〜のことを聞く,うわさを聞く

Have you ever *heard of* this writer before?
(あなたは以前にこの作家のことを聞いたことありましたか。)

674 **keep a diary** 日記をつける

I have been *keeping a diary* for seven years.
(私は7年間日記をつけている。)

675 **kill oneself** 自殺する

He has tried to *kill himself* before.
(彼は以前自殺しようとしたことがある。)

676 **lie down**　　　横たわる

He *lay down* on the sofa.
(彼はソファーの上に横たわった。)
　＊ lie の活用：lie [lai], lay [lei], lain [lein], lying

677 **little by little**　　少しずつ

She is getting better *little by little*.
(彼女は少しずつ元気になってきている。)
　⇨ one by one（1つずつ）

678 **next to...**　　　の隣に，…と並んで

We live *next to* a large shopping center.
(我々は大きなショッピングセンターの隣に住んでいる。)

679 **one after another**　次々に

They stood up *one after another*.
(彼らは次々に立ち上がった。)

Part 3

680 **say to oneself**   独り言を言う

"You're wrong," I *said to myself*.
(あなたは間違っていると独り言を言った。)

681 **tell a lie**   うそをつく

The boy *told* his parents *a lie*.
(その少年は両親にうそをついた。)

682 **write down**   ～を書き留める

She *wrote down* some information in her notebook.
(彼女は情報をノートに書き留めた。)

683 **write to**   ～に手紙を書く

I *write to* an old friend in Tokyo once a month.
(私は月に1度東京の旧友に手紙を書く。)
　〈反〉hear from（～から便りをもらう）
　⇨ write back（返事を書く）

PART 3

Step 4

Part 3

684 **all the time** — その間ずっと；いつも

The children were noisy *all the time* we were in the restaurant.
(子供たちは我々がレストランにいる間ずっと騒がしかった。)

He is complaining *all the time*.
(彼はいつも不平を言っている。)

685 **A as well as B** — Bと同様にAも

She can speak French *as well as* English.
(彼女は英語と同様にフランス語も話せる。)

〈同〉not only B but (also) A
 ＝She can speak *not only* English *but (also)* French.

＊書き換えのときの語順に注意。

686 **at a time** — 一度に，同時に

He always reads three or four books *at a time*.
(彼はいつも一度に3，4冊本を読みます。)

〈同〉at one time

Check!

687 **at one time**   かつては，昔は；同時に

At one time, he was a professional baseball player.
（かつて，彼はプロ野球選手だった。）
  ⇨ at any time（いつでも）

688 **be in trouble**   もんちゃくを起している

Robert *is in trouble* with the police.
（ロバートは警察ともんちゃくをおこしている。）
  ⇨ be troubled by（困っている）

689 **be on fire**   燃えている

When he returned home, the house *was on fire*.
（彼が家に戻ったとき，家が燃えていた。）
  ＊この用法は fire は冠詞なし。
  ⇨ make a fire（火をおこす）

Part 3

690 both A and B AもBも両方とも

Both Kate *and* Mary like swimming.
(ケイトもメアリーも水泳が好きだ。)
　⇨ A as well as B（Bと同様にAも）
　　not only A but (also) B（AだけでなくBも）

691 break out （火事・戦争・伝染病などが）起こる

World War Ⅰ *broke out* in 1914.
(第一次世界大戦は1914年に起こった。)

692 clear off 片づける，取り除く

Clear off your desk.
(机の上を片づけなさい。)

693 climb up ～に登る

He *climbed up* the side of the skyscraper.
(彼は超高層ビルの側面を登った。)
　〈反〉climb down（はいおりる）

694 **drive away**   追い払う

He *drove* the barking dog *away*.
(彼はほえている犬を追い払った。)

695 **grow up**   成長する

I want to be a tennis player when I *grow up*.
(私は大きくなったらテニスの選手になりたい。)

* grow の活用：grow, grew, grown

696 **hold up**   上げる

Hold up your hands.
(手を上げろ。)

697 **keep away（from）**   （…を）遠ざける，（…に）近づかない

Keep away from the old pond.
(その古池に近づかないようにしなさい。)

698 **not A but B**   AではなくBだ

She is *not* my mother, *but* my grandmother.
(彼女は母ではなくて祖母です。)

Part 3

699 not only A but (also) B　AだけでなくBも

Not only I *but (also)* my sister is tall.
(私だけでなく妹も背が高い。)
＊主語になる場合，動詞はBに合わせる。

700 once upon a time　昔々

Once upon a time there lived a handsome young prince.
(昔々, 1人のハンサムな若い王子が住んでいました。)
〈同〉long (long) ago

701 pick up　〜を拾い上げる；(車などで) 迎えに行く

He *picked up* the heavy suitcase with one hand.
(彼は重いスーツケースを片手で持ちあげた。)

702 sit up　起き上がる；寝ずに起きている

He *sat up* and looked around the room.
(彼は起き上がって部屋を見まわした。)
〈同〉stay up (寝ずに起きている)

Check!

PART 3

Step 5

Part 3

703 after a while   しばらくして

After a while he began to sing again.
(しばらくして，彼はまた歌いだした。)

704 agree with [to]   (人 [事柄]) に同意する

He *agreed with* me at last.
(ついに彼は私に同意した。)
We cannot *agree to* your plan.
(私たちはあなたの計画に同意できない。)
  * 「人」に同意する場合は agree with,「事柄」の場合は agree to を用いる。

705 again and again   何度も何度も

I have read the book *again and again*.
(私はその本を何度も何度も読んだ。)
  〈同〉many times

706 before long   間もなく (=soon)

The movie will begin *before long*.
(映画は間もなく始まります。)
  〈同〉in a while

Check!

707 **by and by** やがて

By and by the rain will change to snow.
(雨はやがて雪に変わるだろう。)

708 **by mistake** 間違って

He got off at the next station *by mistake*.
(彼は間違って次の駅で降りてしまった。)

＊mistake に冠詞はつけない。

709 **draw out** 引き出す

I have to *draw* some money *out* of the bank.
(私は銀行からいくらかお金を引き出さなくてはならない。)

710 **either A or B** AかBかどちらか

Either she *or* I should be team captain.
(彼女か私のどちらかがチームの主将をやらなくてはならない。)

＊主語になる場合，動詞はBに合わせる。

Part 3

711 find out　　　〜だと気づく

He *found out* that he had passed the exam.
（彼は試験にパスしたのがわかった。）

712 for a long time　　　長い間

I have not seen him *for a long time*.
（私は彼に長いこと会っていない。）

713 for a while　　　しばらくの間

We all sat silent *for a while*.
（私たちはしばらくの間黙って座っていた。）
　⇨ after a while（しばらくして）

714 forever　　　永久に（＝for ever）

I'll remember this lovely scene *forever*.
（私はこのすばらしい景色を永久に覚えているだろう。）

715 **from now on**　　今からずっと

From now on, I'll study harder.
(これからは，いっしょうけんめい勉強するつもりだ。)

716 **from time to time**　時々（＝sometimes）

Please come and see me *from time to time*.
(時々は会いに来て下さい。)

717 **get angry (with [at, about])**　　怒る，(人［事柄］に)腹を立てる

He often *gets angry with* his son.
(彼はしばしば息子に腹を立てる。)
He *got angry at* me for making a mistake.
(彼は私の間違いに腹を立てた。)

718 **more and more**　　ますます（多く）

She is growing *more and more* beautiful.
(彼女はますます美しくなっている。)
〈反〉less and less（ますます（少なく））

Part 3

719 neither A nor B   AもBもどちらも〜ない

Neither Tom *nor* I go to that gymnasium.
(トムも私もあの体育館へは行かない。)
　＊主語になる場合，動詞はBに合わせる。
　　He can speak *neither* English *nor* French.
　＝He can*not* speak *either* English *or* French.
　　(彼は英語もフランス語も話せない。)

720 on and on   どんどん，続けて

The boy walked *on and on* into the forest.
(その少年はどんどん森の中へ入っていった。)

721 such A as B   BのようなA

Don't be *such* a fool *as* your brother.
(君の兄のようなばかではない。)
　〈同〉A (such) as B, A like B

722 work on   〜に取り組む

He is *working on* a new novel.
(彼は新しい小説に取り組んでいる。)

Check!

723 **work out**　　　　　（問題を）解く；考え出す

She must *work out* that problem by herself.
（彼女はその問題をひとりで解決しなければならない。）

PART 3

Step 6

Part 3

724 **after all** 結局

I ended up staying at my uncle's house last night *after all*.
(結局私は昨夜おじの家に泊まることになった。)
〈同〉in the end

725 **at least** 少なくとも

I'll stay here *at least* three days.
(私は少なくとも3日はここに滞在するつもりだ。)
〈反〉atmost（多くとも）

726 **because of** 〜のために

She could not attend the party *because of* sickness. ＝She could not attend the party *because* she was sick.
(私は病気のため，パーティーに出席できなかった。)
＊of の次には名詞がくる。

727 **cut off** 切り取る

She *cut* one meter *off* the ribbon.
(彼女はリボンを1メートル切り取った。)

728 cut up　　　切り刻む

He *cut up* the paper into small pieces.
(彼はその紙を切り刻んだ。)

729 die of　　　～で死ぬ

His uncle *died of* cancer.
(彼のおじさんは，がんで亡くなった。)
　＊die of は「(病気・老齢など)で死ぬ」場合に，die from は「(けが・事故など)で死ぬ」場合に。

730 eat up　　　食べ尽くす

The children quickly *ate up* their lunches.
(子供たちはお昼をあっという間に平らげた。)

731 first of all　　　まず第一に

First of all, you have to clean your room.
(まず第一に，あなたは部屋をきれいにしなくてはならない。)
　〈反〉last of all finally (最後に)

Part 3

732 look after 〜の世話をする

She has to *look after* her daughter's baby.
(彼女は娘の赤ん坊の世話をなしくてはならない。)
〈同〉take care of

733 look down at 〜を見下ろす

I *looked down at* the beautiful lake below.
(私は下の美しい湖を見下ろした。)
〈反〉look up at（〜を見上げる）

734 look for 〜を捜す

I'm always *looking for* my glasses.
(私はいつも自分の眼鏡を捜している。)

735 look forward to 〜を楽しみに待つ

He is *looking forward to* seeing you again.
(彼はあなたに再会するのを楽しみしている。)
＊to の後は名詞または動名詞。

Check!

736 **look. . . in the face** （人）の顔をじっと見る

Tom *looked* his wife *in the face* and smiled.
(トムは妻の顔をじっと見てそして微笑んだ。)

737 **look out**　　　外を見る

One student is *looking out*（of）the window.
(一人の学生が窓から外を見ている。)

738 **look over**　　　～に目を通す，（書類など）を調べる（＝examine）

I have to *look over* a lot of reports.
(私はたくさんの報告書に目を通さなくてはならない。)

Part 3

739 **look up**
見上げる；(辞書などで)調べる

He *looked up* at the top of the building.
(彼はその建物の天辺を見上げた。)
You had better *look up* the word in your dictionary.
(あなたはその単語を辞書で調べたほうがよい。)

740 **make up**
作りあげる

He *made up* a list of books to read.
(彼は読む本のリストを作った。)

741 **make up one's mind**
決心する（＝decide）

I *made up my mind* to study English every day.
(私は英語の勉強を毎日する決心をした。)

Check!

742 **most of all** とりわけ，何よりも

Most of all she likes chocolate cake.
(とりわけ彼女はチョコレートケーキが好きだ。)
〈同〉above all

743 **take care of** ～の世話をする；～に気をつける

I like to *take care of* children.
(私は子供の世話をするのが好きだ。)
Please *take care of* yourself.
(お体に気をつけてください。)
〈同〉look after

744 **use up** 使い果たす

I *used up* all the money I had with me.
(私は有り金全部を使い果たしてしまった。)

745 **watch out for** ～に注意する

Watch out for cars.
(車に注意しなさい。)

PART 3

Step 7

Part 3

746 at one's best　　真っ盛りで

The cherry blossoms are *at their best*. now.
（今，桜は真っ盛りです。）

747 be busy～ing　　～するのに忙しい

I'*m busy* writ*ing* a report this week.
（今週はレポートを書くのに忙しい。）
　⇨ be busy with（～で忙しい）

748 be ready to *do*　　～する用意ができている；喜んで～する

He *is ready to* go out.
（彼は外出する用意ができている。）
I'*m ready to* help you now.
（今，喜んでお手伝い致します。）
　＊to の後は動詞の原形。

749 do one's best　　全力を尽くす

She *did her best* to pass the examination.
（彼女は試験に受かるように全力を尽くした。）

750 give up　　～をやめる，～をあきらめる

Don't *give up* your dream.
（夢をあきらめるな。）
＊up の後にくるのは名詞か動名詞。

751 have a date with　～とデートする

Judy *has a date with* Max next Sunday.
（ジュディは今度の日曜にマックスとデートする。）
〈同〉make a date with

752 hurry up　　急ぐ

Hurry up, and you'll catch the train.
（急ぎなさい。そうすれば電車に間に合いますよ。）

Hurry up, or you'll be late.
（急ぎなさい。さもないと遅刻しますよ。）
＊命令文でよく使われる。

753 in a hurry　　急いで

He went out *in a hurry*.
（彼は急いで出て行った。）

Part 3

754 **in a way**　　ある意味では

It was a good experience for me *in a way*.
(それは私にとってある意味ではいい経験だった。)
　⇒ in the way（邪魔になって）

755 **in order to** *do*　　〜するために

I'm saving money *in order to* travel abroad.
(私は海外旅行のためにお金をためている。)
　〈同〉so as to do, so that〜can [may]…do
　　　I'm saving money *so as to* travel abroad.
　　　I'm saving money *so that* I *can* travel abroad.
　＊ to の後は動詞の原形。

756 **lose one's way**　　道に迷う

The girl *lost her way* in the crowded department store.
(その少女は混雑したデパートの中で迷子になった。)

Check!

757 make friends with　～と親しくなる

I *made friends with* some people at the party.
(私はそのパーティーで何人かと親しくなった。)
　＊friends と複数形にすることに注意。

758 put down　　　　下に置く

I *put down* my baggage and waited for the train.
(私は荷物を下に置いて列車を待った。)

759 put off　　　　延期する

If it rains, the concert will be *put off*.
(雨が降れば，コンサートは延期される。)
　⇨ call off (中止する)

760 put on　　　　(服・帽子・靴などを) 身につける (＝wear)

You'd better *put on* a heavier coat.
(あなたはもっと厚いコートを着たほうがよかった。)
　〈反〉take off (ぬぐ)

Part 3

761 **put out** （火・明かりを）消す；出す

The firemen quickly *put out* the fire.
（消防士は素早く火を消した。）
　cf. This factory puts out 1,000 cars a day.

762 **put up** （旗・手などを）上げる，立てる

He *puts up* the flag every morning.
（彼は毎朝旗を上げる。）

763 **take off** ～を脱ぐ

You must *take off* your shoes in a Japanese house.
（日本の家では靴を脱がなければならない。）
　〈反〉put on（身につける）

764 **turn on** （電気・ガスなどを）つける

Will you *turn on* the light, please?
（明かりをつけてくれませんか。）
　〈反〉turn off（消す）

Check!

765 **up and down**　　上下に，あちこちと

The children ran *up and down* the stairs.
(子供たちは階段をのぼったりおりたりした。)
⇒ here and there（あちこちに）

PART 3

Step 8

Part 3

766 ask A for B　　A(人)にBを求める

I *asked* her *for* something to eat.
(私は彼女に何か食べ物を求めた。)

767 ask... to *do*　　(人)に〜するように頼む

The tourists *asked* me *to* take their picture.
(旅行者たちは私に写真をとることを頼んだ。)
⇒ tell... to do (…に〜せよと言う)

768 be filled with　　〜でいっぱいになる

The girl's eyes *were filled with* tears.
(その少女の目は涙でいっぱいになった。)

769 be full of　　〜でいっぱいである

The concert hall *is full of* young people.
(コンサート会場は若者でいっぱいである。)
＊ full と fill の後の前置詞に注意。

770 be fond of ～が好きだ（＝like）

I'*m very fond of* dogs.
（私は犬が大好きだ。）
  * of の後は名詞・動名詞。

771 be interested in ～に興味がある

He *is* very *interested in* jazz.
（彼はジャズにとても興味がある。）
  * in の後は名詞・動名詞。

772 be proud of ～を誇りに思う，～を自慢する

He *is proud of* his son.
（彼は自分の息子を自慢にしている）
  〈同〉take pride in

773 be sorry for ～を気の毒に思う；すまないと思う

I'*m sorry for* being late.
（遅れて申し訳ありません。）
  〈同〉feel sorry for

Part 3

774 **be wrong with**   〜の調子が悪い

What *is wrong with* the radio?
（ラジオはどこが調子悪いのですか。）

775 **enough to** *do*   …するのに十分〜

He *was* kind *enough to* carry my luggage.
（彼は親切にも私の荷物を運んでくれた。）
  ＊形容詞・副詞の後に置く。so〜that...の形で書き換えられる。
  ＝He was *so* kind as to carry my luggage.

776 **keep A from B**   AにBさせない；AをBから守る

Illness *kept* me *from* going to school last week.
（先週病気のため私は学校に行けなかった。）
  ＊from の後は名詞または動名詞。

777 **leave A for B**   AをBに向けて出発する

She *left* Tokyo *for* Paris yesterday.
（彼女は昨日東京をたってパリへ向かった。）
  〈同〉start from A fo B

778 **no longer** もはや〜でない

He is *no longer* a rich man.
(彼はもはや金持ちではない。)
〈同〉not... any longer
He is*n't* a rich man *any longer*.

779 **not... any more** もう（これ以上）…ない

I ca*n't* eat sweets *any more*.
(私はもうこれ以上甘いものは食べられない。)
〈同〉no more
I can eat sweets *no more*.

780 **pay for** 〜の代金を払う

I *paid* 50 dollars *for* this table.
(私はこのテーブルに50ドル払った。)

781 **so 〜that...** たいへん〜なので…だ

This trip has been *so* wonderful *that* I will never forget it.
(この旅はとてもすばらしかったので，私は決して忘れないでしょう。)
✢ 後ろから「…ほど〜である」とも訳せる。

Part 3

782 spend A on B
（時間・金など）をB（物）に使う

She *spends* most of her money *on* clothes.
（彼女は自分のお金のほとんどを服に使う。）

783 succeed in
〜に成功する

I always believed he would *succeed in* his work.
（彼は仕事に成功するだろうと私は常に信じていた。）

〈反〉fail（in）（〜に失敗する）

784 thank A for B
A（人）にBについて感謝する

Thank you very much *for* your kindness.
（親切にしていただいてどうもありがとう。）

785 **too... to（do）**　　あまり…で～できない

The matter is *too* difficult for me *to* understand.

（その問題はあまりに難しすぎて私には理解できない。）

*後ろから「～するにはあまりに…すぎる」とも訳せる。

so... that... cannot で書き換えられる。

The matter is *so* difficult *that* I *cannot* understand it.

PART 3

Step 9

Part 3

786 **be made of** 〜で作られている

This bed frame *is made of* wood.
(このベッドの枠は木でできている。)
　＊材料の質が変わらないときに用いる。
　⇨ be made from（〜で作られている）
　　Soap *is made from* fat.
　　(石けんは油脂からつくられる。)

787 **be surprised at** 〜に驚く

She *was* very *suprised at* the news.
(彼女はその知らせに大変驚いた。)
　⇨ 「be surprised to＋動詞の原形」で書き換え可。
　　She *was* very *surprised to* hear the news.

788 **belong to** 〜に属する，〜のものである

I *belong to* the university debate society.
(私は大学の弁論部に所属している。)

Check!

789 **bring about** 〜を引き起こす

What could have *brought* such an accident *about*?
(どうしてそのうよな事故が起こったのですか。)

790 **bring in** 〜を持ち込む；紹介する

She *brings in* a lot of new customers.
(彼女は新しいお客を紹介する。)
　〈反〉take out（持ち出す）

791 **by oneself** ひとりで（＝alone）；独力

She went shopping *by herself*.
(彼女はひとりで買い物に行った。)
　⇒ She made the sweater *by herself*.

792 **fight with [against]** 〜と戦う

The two countries have been *fighting with* each other for eight years.
(その二国はお互いに8年間も戦っている。)

Part 3

793 **for oneself** 自分のために

I bought this sports car *for myself*, not for my family.
(私は家族のためにではなく，自分のためにこのスポーツカーを買った。)

794 **have been to** ～へ行ったところだ〔完了〕；～へ行ったことがある〔経験〕

I *have* just *been to* the Post Office.
(私はちょうど郵便局へ行ってきたところだ。)
Have you ever *been to* New York before?
(あなたは以前にニューヨークへ行ったことがありますか。)
　＊現在完了の用法を確認すること。

795 **help oneself to** ～を(自分で)自由に取る

Please *help yourself to* whatever you like.
(どうぞご自由におすきなものをお取りください。)

796 introduce A to B　　AをBに紹介する

She *introduced* me *to* Tom at the party.
(彼女はそのパーティーで私をトムに紹介した。)

797 just now　　　　　たった今

He went out of the room *just now*.
(彼はたった今部屋を出て行った。)

＊完了形といっしょには用いない。ただし，just あるいは now 単独では完了形とともに用いられる。

798 on earth　　　　世界中で；いったいぜんたい

He is the happiest man *on earth*.
(彼は世界中で一番の幸せ者です。)
What *on earth* are you doing?
(いったいぜんたい，君は何をやっているんだい。)

＊最上級や疑問の意味を強める。earth の前に冠詞はつけない。

Part 3

799 **run about** 走り回る

The little boy is *running about* in the park.
(その小さな男の子は、公園の中を走り回っている。)

⇒ walk about（歩き回る）, look about（あたりを見回す）

800 **run over** （車が人を）ひく

The dog was *run over* by a car.
(犬は車にひかれた。)

801 **send for** （人を）を呼びにやる

I *sent for* the doctor at once.
(私はすぐに医者を呼びにやった。)

802 **take part in** 〜に参加する（＝join）

You should *take part in* the tour.
(あなたはその旅行に参加すべきだ。)

803 **take place**　　　起こる；催される

Do you know when the concert will *take place*?
(いつそのコンサートがあるのか知っていますか。)

804 **take the place of**　〜に代わる

Mr. Smith will *take the place of* the president, who is ill.
(スミス氏は病気の大統領に代って大統領になるだろう。)
　〈同〉take someone's place

805 **to one's suprise**　　驚いたことには

To her surprise, her painting took a prize at the exhibition.
(自分で驚いたことに，彼女の絵が展覧会で賞を取った。)

PART 4

TOEIC® テスト 基礎レベルの英熟語

Step 10

Part 4

806 be anxious about ～を心配している

She *is anxious about* her son's health.
(彼女は息子の健康を心配している。)
⇨ be anxious for（～を熱望している）

807 be aware of ～に気づいている

He *was* not *aware of* his errors.
(彼は自分のまちがいに気づかずにいた。)

808 be based on[upon] ～に基づいている

My theory *is based on* a lot of research.
(私の理論は多くの調査に基づいてる。)

809 be busy with ～で忙しい

I'*m busy with* club activities at this time of year.
(私は一年のこの時期はクラブ活動に忙しい。)

810 **be careful of** ～に注意する，～を大事にする

He *is careful of* his health.
(彼は健康に気をつかっている。)
⇨ be careless of [about] (～に気にかけない)

811 **be crowded with** ～で込みあう

The train *was crowded with* businessmen.
(電車は勤め人で込みあっていた。)

812 **be made from** ～で作られる

Butter *is made from* milk.
(バターは牛乳から作られる。)
＊牛乳とバター，ぶどうとぶどう酒のように，材料の質が変化する場合に用いる。
⇨ be made of (材料の質が変化しない場合)

813 **be made into** （製品）に作られる

Milk *is made into* butter.
(牛乳はバターになる。)
⇨ make A into B (A (材料) をB (製品) にする)

Part 4

814 **be short of** 〜が不足している

I'm *short of* time today.
(今日，私には時間がない。)
⇨ run short of（〜が不足する）

815 **be sure of** 〜を確信している

I'm *sure of* his winning the election.
(私は選挙で彼の勝利を確信している。)
⇨ make sure of（〜を確かめる）

816 **be tired from [with]** 〜で疲れている

She *is tired from* working so hard every day.
(彼女は毎日働き過ぎで疲れている。)

817 **be tired of** 〜に飽きている

My father *is tired of* his job.
(父は仕事に飽きている。)
⇨ get tired of（〜に飽きる）

818 **be tired out**　　へとへとに疲れている

I *was tired out* last night.
(昨夜はへとへとに疲れた。)

819 **carry away**　　〜を運び去る

My report was *carried away* by the wind.
(私のレポートが風で飛んでいった。)
　⇨ take away（〜を持ち去る）

820 **carry out**　　〜を実行する，成し遂げる

I'm sure he will *carry out* his plan.
(私はきっと彼が自分の計画を成し遂げると思う。)
　＊ take out（持ち出す）と間違えないように。

821 **happen to** *do*　　偶然〜する

I *happened to* meet her at the theater.
(私は劇場で偶然彼女に会った。)
　＊ to の後は動詞の原形，名詞がくる場合は「〜に起こる」の意味になる。

Part 4

822 **learn to *do*** 〜するようになる

She finally *learned to* swim at the age of 40.
(彼女はついに40歳で泳げるようになった。)

823 **manage to *do*** どうにか〜する

He *managed to* walk all the way home.
(彼はどうにか家にたどりついた。)
　＊to の後は動詞の原形。

824 **remember〜ing** 〜したのを覚えている

I *remember* play*ing* tennis with him before.
(私は以前彼とテニスをしたことを覚えている。)
　＊remember to *do* との違いに注意。

825 **remember to *do*** 忘れずに〜する

Please *remember to* call me when you land.
(着いたら忘れずに電話してくださいね。)
　＊to の後は動詞の原形。

826 **see... off** （人）を見送る

I went to the bus stop to *see* her *off*.
（私は彼女を見送りにバス停まで行った。）

827 **stop〜ing** 〜することをやめる

The doctor ordered him to *stop* smok*ing*.
（医者は彼に禁煙するよう命じた。）

828 **stop to *do*** 〜するために立ち止まる

He *stopped to* ask the way.
（彼は道を聞くために立ち止まった）。
　＊to の後は動詞の原形。

829 **such〜that...** とても〜なので…

She is *such* a kind girl *that* everyone likes her.
（彼女はとても親切なので，みんなから好かれている。）
　＊so〜that... と同じ用法。so の後は副詞・形容詞，such の後は名詞。

PART 4

Step 11

Part 4

830 **a couple of** 2つの；2, 3の (＝a few)

I'll be staying here for *a couple of* days.
(私はここに2, 3日滞在しています。)
   * of の後の名詞は複数形。

831 **a great deal of** 大量の～（＝much）

He drank *a great deal of* water after playing tennis.
(彼はテニスをしたあとたくさん水を飲んだ。)
   〈同〉a good deal of
   * of の後は数えられない名詞。

832 **be glad to *do*** ～してうれしい

I will *be* very *glad to* take you along with me.
(喜んであなたを連れて行きますよ。)

833 **be in time for** 〜に間に合う

Hurry, or we won't *be in time for* the movie.
(急いで, さもないと私たちは映画に間に合うだろう。)

〈反〉be late for(〜に遅れる)

834 **be likely to** *do* 〜しそうである

He's *likely to* become a writer.
(彼は作家になりそうだ。)

835 **be of use** 役に立つ(=be useful)

His advice *was of* great *use* to me.
(彼の助言は私にとって大変役に立った。)

⇒ be (of) no use.(役に立たない)

836 **be sure to** *do* きっと〜する

He *is sure to* become a good teacher.
(彼はきっとよい教師になるだろう。)

Part 4

837 be willing to *do*   喜んで〜する

Are you *willing to* work on weekends and holidays?
(週末や休日に喜んで仕事をしますか。)

838 bring up   〜を育てる

She has *brought up* her children strictly.
(彼女は自分の子供たちを厳しく育てた。)
 ⇨ grow up（成長する）

839 by chance   偶然に

I found your house *by chance*.
(私は偶然にあなたの家を見つけた。)

840 do with   〜を処置する

I don't know what to *do with* this package.
(私はこの荷物をどう処置したらよいかわからない。)

841 **do without** ～なしですます

I cannot *do without* your support.
(私はあなたの助けなしでやっていけません。)

842 **fall in love with** ～を恋する (＝love)

Romeo *fell in love with* Juliet at first sight.
(ロミオはジュリエットを見たとたん恋に落ちた。)

843 **for sale** 売り物に

This doll isn't *for sale*.
(この人形は売り物ではない。)
⇒ on sale ((特に店などで) 販売されて)

844 **give away** (物を) ただでやる

He *gave away* his old bicycle when he got a new one.
(彼は，新しい自転車を手に入れるや，以前乗っていた自転車を人にあげた。)

845 make a promise　約束をする

If you *make a promise*, you should try to keep it.
(もしあなたが約束を守るなら、それを守り続けるよう努めるべきだ。)

⇨ keep one's promise（約束を守る）
break one's promise（約束を破る）

846 make oneself at home　くつろぐ，気楽にする

He *made himself at home* and watched television.
(彼はくつろいで、テレビを見た。)

847 make sure　確かめる

Make sure the gas is off and the door is locked.
(ガスが消えているかドアに鍵がかかっているか確かめてください。)

848 **make use of** ～を利用する

Can all students *make use of* this library?
(すべての学生はこの図書館を利用することができますか。)

⇨ make good use of（～をうまく利用する）

849 **not always** いつも［必ずしも］～とは限らない

He does*n't always* come to this office.
(彼は必ずしもこの事務所へ来るとは限らない。)

＊ all, every, both などを含む文に not がつくと部分否定となり「必ずしも～とは限らない」の意味になる。

850 **on business** 仕事で

I'm in New York *on business*.
(私は仕事でニューヨークに来ています。)

〈反〉for pleasure（遊びで）

851 **on time** 時間どおりに

The meeting started *on time*.
(会議は時間どおりに始まった。)

⇨ in time（間に合った）

Part 4

852 on [over] the telephone 電話で

I don't want to tell you about it *on the telephone*.
(私はそれについて電話でお話ししたくない。)
〈同〉by telephone

853 put away ～を片づける

The children *put away* their toys.
(子供たちはおもちゃを片づけた。)
〈同〉put aside

854 run into ～に駆け込む；衝突する；偶然会う

I *ran into* the classroom when the bell rang.
(私はベルが鳴ったとたん教室に駆け込んだ)。
The bicycle *ran into* the side of the car.
(自転車が車の横側に衝突した。)
⇒ run against（衝突する）

855 **sell out** — 売り切る

I'm sorry, but that color is *sold out*.
(ごめんなさい, その色は売り切れです。)

856 **speak ill of** — 〜の悪口を言う

He often *speaks ill of* others.
(彼はよく他人の悪口を言っている。)
 〈反〉speak well of（〜のことをよく言う）

857 **stand for** — 〜を表す, 〜をがまんする

What does "UN" *stand for*?
(UNは何を表していますか。)
I won't *stand for* such bad manners.
(私はこんな不作法にはがまんできない。)

PART 4

Step 12

Part 4

858 all the way — 道中ずっと

We were talking to each other *all the way* from the station.
(私たちは駅からずっと話していた。)

⇨ go all the way to (はるばる〜まで行く)

859 as long as — 〜する限りは

As long as I live, I will never forget your kindness.
(生きているかぎり，私はあなたの親切を忘れない。)

〈同〉so long as

860 be used to — 〜に慣れている

I'*m used to* traveling alone.
(私はひとりで旅をすることに慣れている。)

* be used [juːst] to の後は名詞または動名詞。
⇨ get used to (〜に慣れる)

861 **by way of** 〜を通って（＝via）

I came back to Japan *by way of* Hawaii.
（私はハワイ経由で日本へ帰ってきた。）
　⇨ by the way（ところで）

862 **come across** 〜を横切る；〜に偶然出会う

A cat is *coming across* the street.
（ねこが通りを横切っている。）

I *came across* your mother in the supermarket.
（私はその店で偶然あなたのお母さんに会った。）

863 **compare A to B** AをBに例える

Life *is* often *compared to* a voyage.
（人生はしばしば航海に例えられる。）
　⇨ compare A with B（AとBを比較する）

Part 4

864 exchange A for B　AとBを交換する

I *exchanged* my dollars *for* pounds.
(私はドルをポンドにかえた。)

⇨ change A for B（A を B と取り替える）
She *changed* her old desk *for* a new one.
(彼女は古い机を新しいものと取り替えた。)

865 feel like〜ing　〜したいような気がする

I don't *feel like* go*ing* swimming.
(泳ぎに行く気にはなれない。)

866 get along（with）　（〜と）仲よくやっていく；暮らす

How are you *getting along with* your neighbors?
(あなたは近所の人たちと仲よくやっていますか。)

867 in spite of　〜にもかかわらず

They went out *in spite of* the heavy rain.
(彼らは厳しい雨にもかかわらず出かけていった。)

868 **instead of** 〜の代わりに

She cooked dinner *instead of* her mother.
(母親の代わりに彼女が夕食を作った。)

869 **learn... by heart** (…を) 暗記する

You have to *learn* this page *by heart*.
(あなたは，このページを暗記しなくてはならない。)

870 **mix A with B** AとBを混ぜる

First, *mix* the eggs *with* the milk.
(まず，卵と牛乳を混ぜてください。)

871 **pass by** 通り過ぎる；(時間が)たつ

We watched the prarade *pass by*.
(私たちはその行列が通り過ぎるのを見た。)
Four years *passed by* very quickly.
(あっと言う間に4年たった。)
　〈同〉go by (時間がたつ)

Part 4

872 prefer A to B　　AをBより好む

I *prefer* tea *to* coffee.
(私は紅茶のほうがコーヒーより好きだ。)
〈同〉like A better than B
　I *like* tea *better than* coffee.

873 prevent...from ～ing　　…が〜するのを防げる

Strong winds *prevented* the plane *from* tak*ing* off.
(ひどい嵐で飛行機は飛び立つことができなかった。)

874 protect A from B　AをBから守る

Parents must *protect* their small children *from* harm.
(親は小さな子供たちを危険から守らなくてはならない。)

Check!

875 seem (to be) 〜のようにみえる

She *seems to be* fine.
(彼女は元気そうだ。)
　〈同〉look like [as if]
　　　It looks like [as if] she is fine.

876 take A for B　　AをBと間違える

Mother *took* my friend's father *for* my teacher.
(母は友だちのお父さんを僕の先生と間違えた。)
　〈同〉mistake A for B

877 used to *do*　よく〜したものだ〔過去の習慣〕

We *used to* go to school by bicycle.
(私たちはよく自転車で学校に行ったものだ。)
　* used [juːst] to は would より「より不規則な過去の習慣」を表す。
　*「be used to＋名詞・動名詞」と「used to＋動詞の原形」との違いに注意。

PART 4

Step 13

Part 4

878 according to　　　〜によれば，〜に従って

According to the weather report, it will rain tomorrow.
(天気予報によれば明日は雨です。)
 * to の後は名詞

879 as if　　　　　　あたかも〜のように

She behaves *as if* she were a queen.
(彼女はまるで女王様のようにふるまっている。)
 *仮定法の用法に注意。

880 at hand　　　　　真近に；手もとに

Summer vacation is *at hand*.
(夏休みは真近だ。)
I don't have the necessary tools *at hand*.
(私は手もとに必要な道具を持っていない。)

881 **be about to** *do* — まさに〜しようとしている

When I called on him, he *was* just *about to* go out.
(私が訪ねたとき、彼はちょうど出かけようとしていた。)

＊文語的な表現。意味は be going to do とほぼ同じ

882 **break into** — 〜に押し入る

A robber *broke into* the bank at night.
(夜、強盗が銀行に押し入った。)

883 **call for** — 大声で〜を求める

The girl *called for* help.
(その少女は大声で助けを求めた。)

⇒ cry for (泣いて〜を求める)
   ask for (要求する)

Part 4

884 call up
電話をかける
(=telephone)

I will *call* you *up* at about nine o'clock.
(9時ごろ電話します。)
〈同〉ring ip

885 cannot help〜ing　〜せざるを得ない

I *could not help* smil*ing* at the baby.
(私はその赤ちゃんにほおえみをかけずにはいられなかった。)
〈同〉cannot help but *do*
＊but の後は動詞の原形がくることに注意。

886 cannot〜too...
いくら…しても〜しすぎることはない

You *cannot* study English *too* hard.
(英語をいくらいっしょうけんめい勉強してもしすぎることはない。)

887 catch up with　〜に追いつく

He will *catch up with* the leader soon.
(彼はすぐに先導者に追いつくだろう。)

888 **even if** たとえ〜でも

I'll go there *even if* it rains.
(たとえ雨が降っても私はそこへ行きます。)

889 **get over** 乗り越える，〜に打ち勝つ

First, you must *get over* the entrance exam.
(まず，君は入学試験を乗り越えなくてはならない。)

cf. Has she gotten over the flu yet?

890 **get off** 去る（＝leave）

The plane didn't *get off* until almost ten.
(飛行機はほとんど10時まで出発しなかった。)

〈同〉go away

Part 4

891 have ... to do with　～と…の関係がある

Does he *have* anything *to do with* the plan?
(彼はその計画と何らかの関係がありますか。)
　⇨ have much to do with（～と大いに関係がある）
　　 have nothing to do with（～と全然関係がない）
　　 have little to do with

892 hold on　　続ける；(電話を) 切らないでおく

Hold on just a minute, please.
((電話で) 少々お待ちください。)
　〈反〉hang up（電話を切る）

893 keep (on) ～ing　　～し続ける

She *kept on* cry*ing* all night.
(彼女は一晩中泣き続けた。)
　〈同〉go on ～ing

894 make it a rule to *do* ～することにしている

I *make it a rule to* see the dentist every three months.
（私は3ヶ月ごとに歯医者に行くことにしている。）
  * to の後は動詞の原形。

895 nothing but ～にすぎない（＝only）

His idea is *nothing but* a dream.
（彼の考えは夢にすぎない。）

896 on the other hand 他方では

He was a great composer, but, *on the other hand*, a wonderful teacher, too.
（彼は偉大な作曲家であり，他方ではすばらしい先生でもあった。）

897 set out 出発する（＝start）

They will *set out* for London at 8:00 tomorrow morning.
（彼らは明日の朝8時に，ロンドンへ出発する。）
  〈同〉set off

単語索引

数字は単語の番号を示す。

[A]

act	473
add	575
address	70
advise	474
aeroplane	270
afterward	507
against	475
age	202
agree	440
ah	271
air	1
allow	406
a.m. [A.M.]	2
among	134
announce	135
ant	576
anybody	3
anyone	4
apartment	236
appear	338
art	136
asleep	407
Atlantic	104
attend	137
automobile	71
awake	5

[B]

baggage	272
bank	37
barber	203
bath	204
bear	508
bee	577
beg	408
beginning	6
behind	105
believe	441
belong	372
below	339
belt	541
bit	476
bite	542
blind	543
bloom	7
board	273
boil	38
bone	578
boot	544
borrow	237
both	169
bottle	205
bottom	206
bow	207
brave	304
breast	442
bridge	72
bright	8
brush	238
burn	373
business	138
butterfly	9

[C]

cabin	274
camp	39
capital	409
captain	73
care	477

careful	208
carefully	340
careless	478
carry	74
case	341
ceiling	410
celebrate	275
center,-tre	106
central	107
century	479
certainly	209
chance	342
change	75
cheerful	10
cheese	170
chief	239
chimney	40
China	276
Chinese	139
choose	374
circus	375
citizen	443
clear	76
clerk	376
clever	171
climb	343
cloth	444
clothes	480
comfortable	509
company	41
concert	240
copy	210
correct	305
cotton	11
count	481
courage	482
cousin	306
cream	510
cross	579
curtain	377
custom	445

[D]

daily	211
dance	140
dangerous	378
date	12
dead	511
deal	379
death	512
decide	483
deer	545
democracy	411
department	412
diligent	212
discover	77
discovery	108
discussion	446
distance	546
distant	547
dozen	78
draw	380
dream	413
dress	548
drop	580
drown	581
dry	513
duty	514

[E]

eagle	277
easily	172
eastern	79
either	515
elder	308
eldest	309
elect	414
electric	307
elephant	173
else	582
end	213

engine	344	free	143
enough	174	fresh	15
enter	381	friendly	278
entrance	382	frighten	551
especially	383	form	487
etc.	384	funny	552
Europe	109		
eve	447		
event	549		
everyday	175		
everywhere	13		
examination	141		
example	385		
except	386		
excuse	415		
expect	583		

[F]

fact	584		
fail	484		
fair	42		
farther	585		
farthest	586		
fear	214		
feather	448		
feed	485		
field	14		
fight	486		
fill	176		
film	550		
fire	43		
fireplace	241		
fishing	44		
flag	310		
flour	516		
flow	45		
follow	387		
foolish	215		
foreign	142		
forest	46		
fox	47		

[G]

gas	345		
gather	279		
gathering	311		
generally	177		
gentle	388		
gift	587		
god	280		
gold	346		
golden	281		
government	416		
grape	48		
Greece	282		
group	282		
guard	553		
guess	347		
guest	348		
guide	349		
gun	350		
gym	110		
gymnasium	111		

[H]

habit	449
hall	112
handkerchief	242
handle	312
hang	588
happen	351
happiness	283
harbo(u)r	284
hardly	450
harvest	589

health	313
healthy	314
heart	178
heat	352
heaven	451
heavy	179
herself	417
hide	49
hiking	17
himself	389
history	144
hit	418
hold	353
hole	354
honest	180
hospital	113
however	590
hurry	80
hurt	355
husband	181

[I]

idea	18
idle	243
important	145
India	285
insect	554
instead	452
interested	146
introduce	390
invent	315
invention	316
iron	81
island	82
Italian	147
Italy	114

[J]

job	216
join	19
journey	419
judge	453

[K]

key	217
kick	555
kindness	182
kiss	183
knee	454
knock	218

[L]

land	115
language	148
lately	517
later	420
law	421
lay	356
lazy	591
lead	286
leader	518
leaf	50
least	592
less	593
lend	244
lie	83
life	184
lift	422
line	423
lip	185
lose	594
loud	149
lovely	317

[M]

ma'am	219
machine	318
mad	391
magazine	220

索引

magic	392
maid	393
mail	84
main	455
manner	245
mark	488
marry	456
master	221
match	319
mathematics	150
matter	489
maybe	20
meal	394
mean	457
meaning	320
memory	151
mend	321
merrily	21
merry	556
middle	116
might	595
mind	322
miss	357
mistake	358
model	395
modern	424
moment	557
motorcar	85
mouse	558
move	222
movie	117
Mt.	51
myself	396

[N]

napkin	519
narrow	490
nation	287
national	323
natural	324
nature	359
nearly	596
necessary	425
needle	597
neghbo(u)r	397
neither	491
net	598
news	223
No. [no.]	86
noble	520
nobody	152
noisy	118
nor	492
notice	246
nut	599

[O]

obey	426
offer	398
oil	224
Olympic	288
oneself	600
orchestra	247
order	399
ourselves	601
outdoor	22
outdoors	23

[P]

package	427
pain	493
pair	248
palace	119
paradise	458
pardon	249
parrot	186
part	153
pass	87
passenger	250
pay	88
peace	289

peach	602	purse	460
pear	603	push	190
pence	89		
period	604	**[Q]**	
person	521		
phone	251	quick	92
photo	187	quickly	93
pick	605	quietly	55
pilot	90	quite	28
pity	522		
plan	24	**[R]**	
plane	428		
plant	52	race	327
plate	523	railroad	254
pleasant	25	raise	606
pleasure	26	rather	607
p.m. [P.M.]	53	really	29
pocket	154	reason	361
poem	155	receive	94
point	494	recently	255
pole	524	repeat	157
police	120	reply	225
pond	54	report	158
popular	400	respect	526
port	121	rest	527
possible	559	return	95
pound	91	ride	191
power	429	ring	192
practice	27	ripe	608
praise	325	rise	609
prepare	401	roll	328
president	459	Roman	528
press	560	rope	561
price	188	rule	495
principal	525	rush	529
print	360	Russia	123
prize	156		
program	252	**[S]**	
promise	253		
proud	326	safe	290
public	122	safety	496
pull	189	sail	291

索引

sailor	124	since	365
salt	461	sincerely	98
sand	562	sink	294
sandwich	193	sir	230
satisfy	462	sitting room	231
save	362	skin	532
scene	563	slave	566
scientist	329	sleepy	30
seat	256	smell	567
seed	610	smoke	58
seldom	611	snake	568
send	96	so	159
senior	530	soap	232
sentence	463	social	466
serve	257	sock	259
service	402	soldier	533
set	292	somebody	59
several	430	someone	60
sew	612	somewhere	497
shadow	56	sound	260
shake	531	soup	195
shape	564	southern	127
sharp	613	space	534
sheep	565	special	498
sheet	464	speech	160
shelf	614	speed	99
shilling	97	spend	31
shoe	258	spirit	535
shoemaker	226	spread	615
shoot	363	square	616
shopping	194	stage	261
shore	293	state	432
should	431	statue	536
shoulder	227	steal	499
shout	228	steam	366
side	125	step	433
sight	330	stick	196
sign	229	stocking	262
signal	126	stone	61
silent	465	storm	100
silver	57	straight	434
simple	364	stranger	403

straw	617	tower	129
stream	62	trade	468
strike	367	traffic	501
subject	161	travel	266
suburb	101	tremble	368
succeed	331	trip	295
success	332	trouble	334
suffer	569	truck	623
suit	537	true	296
sunshine	32	truly	469
suppose	618	trunk	572
sure	197	truth	470
surely	33	turkey	67
swan	63	turn	297
sweep	435		
sweet	198		
switch	333		

[T]

tail	64		
taste	467		
taxi	263		
tear	436		
telegram	102		
tent	65		
terrible	437		
test	162		
Thanksgiving	619		
themselves	500		
thick	620		
thin	621		
though	570		
throw	66		
ticket	264		
tie	265		
tiger	163		
tiny	622		
title	571		
tool	233		
topic	164		
toward	128		

[U]

ugly	502
umbrella	267
understand	165
unhappy	369
university	130
until	298
U.S.A.	131
used	503

[V]

vacation	34
vegetable	538
view	471
village	68
visitor	404
voice	370
voyage	299
waiter	268
war	335
waste	539
wave	300
weak	166
wear	504
weather	103

索引

western	132	wolf	371
wet	540	wonder	405
whale	301	wooden	625
wheat	624	wool	472
whether	505	worm	626
whole	302	worry	337
wife	199	would	506
wild	69	wound	574
win	336	writer	235
wine	234	wrong	167
wing	35		
wipe	438		
wire	573		

[Y]

wise	200	yard	133
wish	36	yacht	303
within	439	yourself	168
without	269	yourselves	201

熟語索引

*数字は熟語の番号を示す。

[A]

a bottle of	627	all the time	684
a couple of	830	all the year round	648
a great deal of	831	as far as	665
a great many	645	as if	879
a kind of	628	as long as	859
a large amount of	647	as soon as	666
a loaf of	629	A as well as B	685
a number of	646	ask A for B	766
a pair of	630	ask...to do	767
according to	878	at a time	686
after a while	703	at hand	880
after all	724	at least	725
again and again	705	at one time	687
agree with	704	at one's best	746
all around [round]	631	at the age of	649
all at once	632	at the back of	650
all day (long)	633	at the end of	651
		at the foot of	652
		at this time of the year	653

[B]

be about to do	881
be anxious about	806
be aware of	807
be based on [upon]	808
be busy〜ing	747
be busy with	809
be careful of	810
be crowded with	811
be filled with	768
be fond of	770
be full of	769
be glad to do	832
be in time for	833
be in trouble	688
be interested in	771
be likely to do	834
be made from	812
be made into	813
be made of	786
be of use	835
be on fire	689
be proud of	772
be ready to do	748
be short of	814
be sorry for	773
be sure of	815
be sure to do	836
be surprised at	787
be tired from	816
be tired of	817
be tired out	818
be used to	860
be willing to do	837
be wrong with	774
because of	726
before long	706
belong to	788
both A and B	690
break into	882
break out	691
bring about	789
bring in	790
bring up	838
by and by	707
by chance	839
by mistake	708
by oneself	791
by way of	861

[C]

call at	667
call for	883
call on [upon]	668
call up	884
cannot help〜ing	885
cannot〜too...	886
carry away	819
carry out	820
catch up with	887
clear off	692
climb up	693
come across	862
come from	634
come on	635
compare A to B	863
cut off	727
cut up	728

[D]

die of	729
do one's best	749
do with	840
do without	841
draw out	709
drive away	694
drop in	669

索引

[E]

eat up	730
either A or B	710
enjoy oneself	670
enough to do	775
even if	888
exchange A for B	864

[F]

fall asleep	636
fall down	367
fall in love with	842
far from	671
feel like〜ing	865
fight with [against]	792
find out	711
first of all	731
for a long time	712
for a while	713
for example	654
for oneself	793
for sale	843
forever	714
from now on	715
from time to time	716

[G]

get along (with)	866
get angry (with [at, about])	717
get away (from)	655
get back (from)	656
get over	889
give away	844
give up	750
go by	638
go off	890
go on	639
grow up	695

[H]

had better	657
happen to do	821
have a date with	751
have been to	794
have... to do with	891
hear from	672
hear of	673
help oneself to	795
hold on	892
hold up	696
hundreds of	640
hurry up	752

[I]

in a hurry	753
in a way	754
in fact	658
in front of	659
in order to do	755
in spite of	867
in the center of	660
in the middle of	661
instead of	868
introduce A to B	796

[J]

just now	797

[K]

keep (on) 〜ing	893
keep a diary	674
keep away (from)	697
keep A from B	776
kill oneself	675

索 引

[L]

learn... by heart	869
learn to do	822
leave A for B	777
lie down	676
little by little	677
look after	732
look down at	733
look for	734
look forward to	735
look... in the face	736
look out	737
look over	738
look up	739
lose one's way	756

[M]

make a promise	845
make friends with	757
make it a rule to do	894
make oneself at home	846
make sure	847
make up	740
make up one's mind	741
make use of	848
manage to do	823
mix A with B	870
more and more	718
most of all	742

[N]

next to	678
neither A nor B	719
no longer	778
not... any more	779
not always	849
not A but B	698
not only A but(also)B	699
nothing but	895

[O]

on and on	720
on business	850
on earth	798
on foot	662
on the other hand	896
on [over] the telephone	852
on time	851
once upon a time	700
one after another	679

[P]

pass by	871
pay for	780
pick up	701
prefer A to B	872
prevent A from~ing	873
protect A from B	874
put away	853
put down	758
put off	759
put on	760
put out	761
put up	762

[R]

remember~ing	824
remember to do	825
run about	799
run into	854
run over	800

[S]

say to oneself	680
see... off	826
seem(to be)	875

索引

sell out	855	take the place of	804
send for	801	talk about	641
set out	897	talk over	642
sit up	702	tell a lie	681
so～that...	781	thank A for B	784
speak ill of	856	the other day	643
spend A on B	782	thousands of	644
stand for	857	to one's surprise	805
stop～ing	827	too...to do	785
stop to do	828	turn back	663
succeed in	783	turn A into B	664
such～that...	829	turn on	764
such A as B	721		

[T]

take A for B	876		
take care of	743		
take off	763		
take place	803		

[W]

watch out for	745
work on	722
work out	723
write down	682
write to	683

著者紹介

小池直己(こいけ なおみ)

広島大学大学院修了。カリフォルニア大学ロサンゼルス校(UCLA)の客員研究員を経て、現在は就実大学人文科学部実践英語学科教授・同大学院教授。NHK教育テレビ講師も務めた。『英会話の基本表現100話』(岩波書店)、『たった50単語の英会話詰イディオム1000』(講談社文庫)、『TOEIC®テストの「決まり文句」』『TOEIC®テストの英文法』(いずれもPHP文庫)、『5時間でTOEIC®テスト650点 改訂新版』『英単語スーパー"語源"記憶術 改訂新版』『使ってはいけない!この英語』(いずれも宝島社新書)『別冊宝島879号 ひとこと英会話CD辞典』『別冊宝島958号 覚えたくなる!英語』など著書多数。『放送英語の教育的効果に関する研究』で日本教育研究連合会より表彰を受ける。英字新聞『ASAHI WEEKLY』およびNHKラジオ『英会話入門』の連載コラムでもおなじみ。

TOEIC®テスト基礎から始める英単熟語

2007年2月22日 1刷

著 者	小池直己
	© Naomi Koike, 2007
発行者	南雲一範
発行所	株式会社**南雲堂**

〒162-0801 東京都新宿区山吹町361

電 話 (03)3268-2384 (営業部)
　　　　(03)3268-2387 (編集部)
FAX 　(03)3260-5425 (営業部)
振替口座 00160-0-46863
印刷所 啓文堂　製本所 松村製本所

Printed in Japan 〈検印省略〉
乱丁、落丁本はご面倒ですが小社通販係宛ご送付下さい。
送料小社負担にてお取替えいたします。
E-mail nanundo@post.email.ne.jp
URL http://www.nanun-do.co.jp

ISBN978-4-523-42281-5 C0082 〈A-281〉

あなたの英語・英会話勉強法は間違っている
市橋 敬三
4-523-26315-9　1-315　087066
四六判・並製 (142) **本体価格** 1200 円 + 税

英語を話せるようになりたい人，TOEIC®，TOEFL®，英検受験生，留学生，大学受験生の方々へ。英語学習をわざわざ難しくしていませんか？

あなたの疑問点に緊急出動する　英語の救急車
市橋 敬三
4-523-26336-1　1-336　087100
B6 判・並製 (296) **本体価格** 1300 円 + 税

Everybody は単複どちらの代名詞で受けるか。anybody はどうか。辞書でもなかなか解決してくれない疑問点 243 項目が一発でわかる。疑問解消 BOOK。

アメリカ英語日常会話辞典
市橋 敬三
4-523-31043-2　D-43　080785
A5 判・並製 (204) **本体価格** 2500 円 + 税

日本の辞書に収録されていない，全アメリカで実際に使われている日常会話表現を満載し，その使用頻度も明記。

アメリカ英語ビジネス会話辞典
市橋 敬三
4-523-31044-0　D-44　080786
A5 判・並製 (242) **本体価格** 2600 円 + 税

世界標準語として認知され，全アメリカで使用頻度の高いビジネス表現にもかかわらず，日本の辞典に収録されていない表現が本書に満載。

3 週間で英語が話せる魔法の英文法 1　CD 付
市橋 敬三
4-523-26377-9　1-377　087158
四六判・並製 (188) **本体価格** 1600 円 + 税

英文法書では扱われていないが，英米人が日常よく使っている話すための生きた英文法を豊富に取り揃えた。好評のシリーズ本！

3 週間で英語が話せる魔法の英文法 2　CD 付
市橋 敬三
4-523-26378-7　1-378　087159
四六判・並製 (208) **本体価格** 1600 円 + 税

動名詞 / 名詞的不定詞 / 原形不定詞 / 形容詞的不定詞 / 副詞的不定詞 / 現在分詞 / 過去分詞などの使い方の例文を収録。

3 週間で英語が話せる魔法の英文法 3　CD 付
市橋 敬三
4-523-26379-5　1-379　087160
四六判・並製 (192) **本体価格** 1600 円 + 税

関係形容詞① / 関係形容詞② / 名詞節 / 付属疑問文 / 副詞節を使った例文を豊富に収録。

3 週間で英語が話せる魔法の英文法 4　CD 付
市橋 敬三
4-523-26380-9　1-380　087161
四六判・並製 (238) **本体価格** 1600 円 + 税

現在完了 / 過去完了 / 仮主語 / 仮目的語 it / 強調構文 / 仮定法 / I wish と if only / like と as if / 命令文 +and と命令文 +or / 受身 / 提案の表現